옛시조 소 으리 여니

옛시조 속 우리 역사

초판 인쇄 2021년 2월 11일
초판 발행 2021년 2월 15일

지은이   하늘땅사람
펴낸이   진수진
펴낸곳   책에 반하다

주소   경기도 고양시 일산서구 대산로 53
출판등록   2013년 5월 30일 제2013-000078호
전화   031-911-3416
팩스   031-911-3417
전자우편   meko7@paran.com

옛시조 속
우리역사

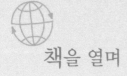

옛시조의 달콤쌉쌀한 맛에 흠뻑 빠져 봐

시조는 우리나라 고유의 정형시예요. 정형시란 일정한 규칙과 형식에 맞추어 지은 시를 말하지요. 고려와 조선시대를 거치며 활발하게 창작된 시조는 오늘날까지 그 역사가 이어져 오고 있어요.

예로부터 시조에 담긴 주제는 다양했어요. 자연을 묘사하고 사랑을 노래했으며, 나라에 대한 충성심을 표현했지요. 학문하는 즐거움과 인생살이의 희로애락을 이야기한 작품도 아주 많아요. 한마디로 옛시조는 우리 민족의 삶과 정신세계를 헤아릴 수 있는 훌륭한 문화유산이지요.

그리고 또 하나, 옛시조를 보면 우리의 역사를 알게 돼요. 한 편 한 편에 예술적 감동과 더불어 당시 시대 상황이 깃들어 있기 때문이에요. 어떤 선비가 왜 자연에 묻혀 살았는지, 어떤 신하가 왜 시절을 한탄하게 되었는지, 어떤 사람이 왜 누구를 그리워했는지, 옛시조에는 참 많은 사연이 담겨 있지요.

이 책 『처음 만나는 옛시조 속 우리 역사』에는 바로 그와 같은 흥미로운 역사 이야기가 있어요. 물론 그보다 먼저 옛시조의 아름다움을 요모조모 감상할 수 있고요.

자, 그럼 지금부터 우리 함께 옛시조 속으로 재미난 여행을 떠나 볼까요?

Contents

처음 만나는 옛시조 속 우리 역사 …

옛시조를 이해하는 다섯 가지 열쇠

첫 번째 열쇠 – 옛시조는 언제 생겨났을까?

우리 민족이 언제부터 시조를 지었는지는 정확히 알려져 있지 않아요. 학자들마다 의견이 조금씩 다르지요. 하지만 신라 향가에서 그 싹이 움트기 시작했다는 데는 대부분 동의해요. 향가란, 한자의 음과 훈을 빌어 표기한 우리나라 고유의 문학 형식이지요.

그 후 시조는 고려시대를 거치면서 정형시의 한 형태로 완전히 자리잡았어요. 오늘날 고려 말의 시조로 이조년, 이방원, 정몽주 등이 지은 10여 수의 작품이 전해지고 있지요.

그렇지만 시조의 전성기라면 뭐니 뭐니 해도 조선시대였어요. 그 무렵 고산 윤선도, 송강 정철, 노계 박인로 등이 나타나 시조 문학의 발전을 이끌었지요. 그 밖에도 조선시대에는 『청구영언』, 『해동가요』, 『가곡원류』 같은 주요 시조 문학 작품집들이 잇달아 출간되었어요.

두 번째 열쇠 - 옛시조는 어떤 형식일까?

옛시조는 초장, 중장, 종장의 3장으로 이루어져 있어요. 오늘날 우리가 접하는 현대시로 이야기하면 3행으로 구성되어 있다는 말이지요. 이것은 시조의 종류와 상관없는 공통된 형식이에요.

아울러 시조는 대부분 각 장 2구씩 6구로 이루어져 있어요. 여기서 '구'는 둘 이상의 단어가 모여 문장의 일부분을 이루는 토막을 말하지요. 예를 들어 '동창이 밝았느냐'가 하나의 구예요. 그러니까 시조의 형식을 이야기할 때는 흔히 3장 6구라고 하지요. 어떤 학자들은 3장12구라며, 구에 대한 정의를 다르게 내리는 경우도 있지만 말이에요.

그 밖에도 시조는 리듬감을 살리기 위해 3·4조, 4〉4조의 기본 음보를 지키고 있어요. 이를테면 '태산이(3) 높다 하되(4) 하늘 아래(4) 뫼이로다(4)'라고 하는 식이에요. 그것이 반복되어 시조의 운율이 생기는 것이지요.

세 번째 열쇠 - 옛시조는 어떤 종류가 있을까?

시조의 종류에는 다음과 같은 것들이 있어요.

- **평시조** : 초장, 중장, 종장의 글자 수가 각각 15자 내외로 총 45자 안팎의 가장 일반적인 시조예요. 3·4조, 4·4조가 기본 음보지만 1~2음절이 많거나 적을 수 있

어요.

- **엇시조** : 평시조와 비교해 초장, 중장, 종장 가운데 한 장의 글자 수가 제한 없이 늘어난 시조를 말해요. 흔히 종장에는 변화가 별로 없지요.
- **사설시조** : 평시조와 비교해 초장, 중장, 종장 가운데 2개 장 이상이 길어진 시조를 말해요. 조선 중기 이후 발달했으며 서민적 내용이 담긴 작품이 많지요.
- **연시조** : 2수 이상의 평시조가 하나의 제목으로 묶인 시조를 말해요. 맹사성의 〈강호사시가〉, 이황의 〈도산십이곡〉 등이 대표적인 작품이지요.

네 번째 열쇠 – 옛시조는 어떤 사람들이 지었을까?

고려시대 이후 조선시대 초까지 시조를 지은 사람들은 대부분 귀족이나 양반이었어요. 그들은 시조를 통해 자연 속에 묻혀 사는 삶을 이야기했고 유교의 가치관을 강조했으며, 임금에 대한 충성과 학문하는 즐거움을 표현했지요.

그런데 조선 중기에 접어들어 시조를 짓는 사람들의 신분이 다양해지기 시작했어요. 기생 황진이처럼 뛰어난 재능을 가진 새로운 시조시인들이 등장한 것이지요. 그뿐 아니라 임진왜란 이후에는 중인 신분과 평민들 중에서도 시조를 즐기는 사람들이 잇달아 나타났어요.

그런 변화는 시조의 내용에도 큰 영향을 끼쳤어요. 이전에는 작품에 거의 사대부의 시각만 담겼는데, 그 무렵부터는 백성들의 소박하고 솔직한 이야기를 들을 수 있게 되었지요. 그들의 시조는 일상생활에서 소재를 찾는 경우가 많았어요.

하지만 어떤 변화에나 긍정적인 모습과 더불어 부정적인 모습이 있는 법. 시조를 짓는 사람들이 다양해지면서 작품 수가 부쩍 늘었지만 질적 수준이 떨어지는 경우도 적지 않았어요. 지은이를 알 수 없는 작품도 늘어 갔고요.

다섯 번째 열쇠 - 옛시조는 겉과 속이 같을까, 다를까?

옛시조를 제대로 이해하려면 '은유'와 '상징'을 알아야 해요. 어떤 이야기를 직접 드러내지 않고 사물이나 상황 등에 빗대어 넌지시 알리는 것이 은유지요. 상징은 추상적인 생각 따위를 구체적인 사물 등으로 나타내는 것이고요.

예를 들어 잔잔하고 평화로운 마음 상태를 '내 마음은 호수'라고 표현하는 것은 은유의 일종이에요. 또한 어른들은 갓난아기가 돌잡이를 할 때 연필을 잡으면 훗날 공부를 잘할 것이라고 말하는데, 그 때 연필이라는 사물은 공부를 상징하지요.

그런데 옛시조는 은유와 상징을 활용하는 경우가 꽤 많았어요. 이를테면 간사한 신하를 까마귀로 상징했고, 한겨울에도 푸른빛을 잃지 않는 소나무에 대한 이야기로 임금에 대한 충성심을 넌지시 알렸지요.

그러므로 옛시조를 감상할 때 겉으로 드러난 표현만 보아서는 안 돼요. 그 안에 숨겨진 은유와 상징을 헤아려야 옛시조를 제대로 이해할 수 있어요. 그런 까닭에 역사에 관한 사실을 폭넓게 아는 것이 매우 중요하지요.

가노라 삼각산아

김상헌

가노라 삼각산아, 다시 보자 한강수야.
고국산천을 떠나고자 하랴마는
시절이 하 수상하니 올동말동하여라.

[요즘 글로 풀어 읽기]
나는 떠난다, 삼각산아! 다시 만나자, 한강물아!
내 나라의 산과 강을 어쩔 수 없이 떠나는데
시절이 몹시 어수선하니 다시 돌아올지 모르겠구나.

✛ 지은이가 궁금해

김상헌(1570~1652)은 조선 중기의 문신이었어요. 의롭지
않은 일에 나서서 사사로운 이익을 챙기는 법이 없는 꼿꼿한
성품의 선비였지요.

병자호란이 일어나자, 김상헌은 청나라에 항복하지 말고
끝까지 맞서 싸울 것을 주장했어요. 그러나 인조는 최명길 등
의 의견을 받아들여 항복을 결정했지요. 김상헌은 그 소식을
듣고 자살을 시도했지만 실패한 뒤 깊은 산에 들어가 은둔 생

활을 했어요.

✤ 감상 길라잡이

1636년, 청나라가 조선을 침략했어요. 당시 조선은 청나라의 상대가 되지 못했지요.

얼마 지나지 않아 전쟁에서 승리한 청나라는 자신들을 오랑캐라며 무시하는 김상헌을 눈엣가시처럼 여겼어요. 그래서 그를 청나라로 끌고 가 4년 넘게 옴짝달싹못하게 했지요. 그 사이 김상헌은 온갖 협박에 시달렸지만, 결코 자신의 뜻을 굽히지 않았어요.

〈가노라 삼각산아〉는 김상헌이 청나라에 붙잡혀갈 무렵 지은 작품으로 알려져 있어요. 그 때 그의 나이 71세였지요.

굴욕적인 항복을 하느니 차라리 죽음을 선택한 김상헌의 강직한 성품. 하지만 그도 조국을 떠나는 마음은 여느 사람들과 다르지 않았어요. 오죽했으면 조국의 산과 강을 부르며 이별을 아쉬워했을까요.

김상헌이 조선을 떠난 것은 자신의 의지가 아니었어요. 오랑캐 나라라고 믿는 청나라의 힘에 이끌려 어쩔 수 없이 작별한 것이었지요. 김상헌은 그런 어지러운 시절이 금방 끝나지 않을 것이라고 예감했어요. 그래서 언제 다시 그리운 조국으로 돌아올지 모르겠다는 안타까운 심정을 작품에 담았지요.

〈가노라 삼각산아〉는 강제로 오랑캐 땅에 끌려가는 올곧은 선비의 슬픔과 조국에 대한 깊은 사랑이 잘 표현된 시조예요.

✚ 한 걸음 더 - 주화파와 척화파

중국 땅의 새로운 주인이 된 청나라는 여진족이 세운 나라였어요. 그들은 막강한 힘을 앞세워 조선이 청나라를 임금처럼 떠받들어야 한다고 주장했지요.

그러나 여진족을 오랑캐로 여겼던 조선은 그들의 요구를 들어줄 수 없었어요. 그 때문에 두 나라 사이에 병자호란이 일어나고 말았지요.

청나라는 20만 대군을 이끌고 조선을 침략했어요. 당시 조선의 국력으로는 그들을 막아내기 어려웠지요. 결국 인조는 남한산성으로 몸을 피할 수밖에 없었어요. 하지만 얼마 되지 않는 군사와 부족한 식량, 그리고 혹독한 추위를 견디지 못해 항복을 선언할 수밖에 없었지요.

이 무렵 조선의 관리들은 최명길 등의 '주화파'와 김상헌 등의 '척화파'로 나뉘었어요. 주화파는 백성들의 고통을 생각해 일단 청나라에 항복한 뒤 훗날을 기약하자고 했고, 척화파는 죽음을 맞을지언정 오랑캐에게 무릎을 꿇을 수는 없다며 버텼지요. 앞서 이야기했듯, 인조는 고민 끝에 주화파의 손을 들어 주었어요.

＋ 한 걸음 더 - 삼전도비

어느 나라나 영광의 역사가 있는 반면 치욕의 역사도 갖고 있어요. 우리나라 역시 반만 년의 역사를 돌이켜보면 세상에 자랑할 만한 것뿐만 아니라, 부끄럽기 짝이 없는 시련의 시대도 있었지요.

그러나 정말 슬기로운 나라는 치욕의 역사에서 교훈을 찾을 줄 알아요. 스스로를 반성해 두 번 다시 그와 같은 치욕을 되풀이하지 않지요.

우리나라 사적으로까지 지정되어 있는 삼전도비가 바로 그런 사례예요. 삼전도비는 청나라 태종의 공적과 승리를 기리기 위해 만든 공덕비지요.

청나라 태종은 항복을 선언한 인조에게 신하의 예를 갖추라고 강요했어요. 아울러 자신의 공적과 승리를 역사에 길이 남기기 위해 전승비를 세우라고 요구했지요. 그런 이유로 당시 나루터였던 삼전도에 세워진 것이 삼전도비랍니다.

그동안 우리는 삼전도비가 부끄러운 역사의 기록이라고 해서 두 차례나 땅속에 파묻은 적이 있어요. 하지만 후세에 자주 국방의 중요성을 일깨워주기 위해 작은 공원을 만들고 다시 삼전도비를 세워놓았지요. 현재 삼전도비는 서울특별시 송파구에 위치해 있어요.

까마귀 검다 하고 이직

까마귀 검다 하고 백로야 웃지 마라.

겉이 검은들 속조차 검을쏘냐.

아마도 겉 희고 속 검은 이 너뿐인가 하노라.

[요즘 글로 풀어 읽기]

까마귀가 검다고 백로야 비웃지 마렴.

겉모습이 검다고 속까지 검겠느냐?

아마도 겉은 희고 속 검은 이 너밖에 없을 것이다.

✛ 지은이가 궁금해

이직(1362~1431)은 고려 말에서 조선 초에 이르는 시기의 문신이었어요. 이성계를 도와 조선을 건국하는 데 큰 공을 세웠지요.

그 후 이직은 왕자들끼리 왕위를 차지하기 위해 다툼을 벌인 '왕자의 난' 때 이방원을 도와 높은 벼슬자리에 오르게 되었어요. 형제들과 벌인 경쟁에서 승리하여 조선 제3대 임금 태종이 된 이방원이 그를 깊이 신임한 덕분이었지요.

✚ 감상 길라잡이

이직은 조선이 건국된 뒤 오랫동안 마음고생에 시달렸어요. 그의 생각에, 자신은 단지 사사로운 이익을 위해 이성계 편에 서서 새로운 왕조를 연 것이 아니었지요. 그는 고려의 운명이 다한 것으로 판단해 커다란 변화가 필요하다고 믿었어요.

그러나 끝까지 고려에 충성을 다한 사람들의 생각은 달랐어요. 그들은 이직을 배신자 취급했지요. 오로지 부귀영화만 좇는 의리 없는 욕심쟁이라고 손가락질했어요.

이직은 그런 현실이 몹시 안타까웠어요. 때로는 화가 치밀어 잠조차 쉬 이룰 수가 없었지요. 그러던 어느 날, 이직은 자신을 비난하는 사람들에게 전하는 시조 한 수를 지었어요. 〈까마귀 검다 하고〉는 그렇게 탄생한 작품이지요.

이 시조에는 까마귀와 백로, 두 종류의 동물이 등장해요. 깃털이 눈처럼 하얀 백로는 깃털이 새까만 까마귀를 보고 비웃지요. 어쩌면 너는 나와 달리 그렇게 지저분한 몰골을 갖고 있느냐는 거예요. 이 장면은 고려의 충신들이 조선 건국에 일등 공신 역할을 한 이직을 비난하는 모습을 떠올리게 하지요.

그러나 이직은 작품 속에서 겉모습이 검다고 속까지 검은 것은 아니라고 말하고 있어요. 오히려 충신인 척하며 온갖 부정부패를 일삼던 뻔뻔한 자들이 바로 당신들 아니냐며 되받아 치기까지 하고 있지요.

✛ 한 걸음 더 - 왕자의 난

조선의 제1대 임금은 태조 이성계였어요. 그 뒤를 이어 제2대 임금 정종이 된 사람은 태조의 둘째 아들 이방과였지요. 그 후 태조의 다섯째 아들 이방원이 제3대 임금 태종이 되었어요.

그런데 이방원이 임금 자리에 오르기까지는 큰 사건이 두 차례 벌어졌어요. 그것이 다름 아닌 '왕자의 난'이지요.

1398년에 일어난 제1차 왕자의 난은 '방원의 난'이라고도 해요. 태조 이성계는 8명의 왕자를 두었는데, 그 중 여덟째인 이방석을 세자로 삼았지요. 그러자 어머니가 다른 동생에게 왕위를 빼앗기게 된 이방원은 크게 화가 나 이방석을 지지하는 정도전 등의 신하들과 싸움을 벌였어요. 그 결과 이방석과 정도전은 목숨을 잃었고, 이방원은 자신의 형인 이방과가 아버지의 뒤를 이어 임금이 되도록 했지요.

하지만 2년 뒤 제2차 왕자의 난이 다시 일어났어요. 이번에는 이성계의 넷째아들 이방간과 이방원의 다툼이었지요. 스스로 임금이 되려는 꿈을 품고 있던 두 왕자의 싸움은 이방

원의 승리로 막을 내렸어요. 그래서 이방원이 제3대 임금이
될 수 있었지요.

✤ 한 걸음 더 - 살곶이벌

서울특별시 성동구에 위치한 한양대학교에서 내려다보면
청계천이 중랑천과 만나 한강으로 흘러드는 지역이 있어요.
조선시대에는 그 곳을 살곶이벌이라고 불렀지요.

당시 살곶이벌은 땅이 넓은데다 수풀이 우거져 말을 기르
는 목장 등으로 쓰였어요. 또한 몇몇 임금들이 매 사냥터로
그 곳을 즐겨 찾기도 했지요.

특히 조선 제3대 임금 태종은 왕위에서 물러난 뒤에도 살
곶이벌에서 자주 매 사냥을 했어요. 그러자 세종은 임금의 자
리에 오르고 나서 얼마 지나지 않아 부왕인 태종이 편히 강을
건너다닐 수 있도록 다리를 놓으라고 명령했지요.

하지만 공사는 순조롭게 진행되지 못했어요. 그 무렵의 건
축 기술로는 그만한 폭의 강을 가로질러 튼튼한 다리를 놓기
가 무척 어려웠거든요. 게다가 여름에는 홍수까지 나서 엎친
데 덮친 격이었지요. 그런 까닭에 공사는 계획보다 자꾸만 늦
어졌어요. 그 사이 태종은 안타깝게도 세상을 떠났고, 세종은
더 이상 공사를 할 필요가 없다고 선언했지요.

그 뒤 다시 살곶이벌에 다리를 놓으라고 지시한 임금은 성

종이었어요. 성종은 백성들이 강을 건너는 데 어려움을 겪는 것을 보고 다리를 놓아야겠다고 생각했지요. 그래서 마침내 공사가 중단된 지 63년 만에 살곶이벌에 다리가 완성되었어요. 그것도 당시로서는 매우 보기 드문 돌다리였지요.

간밤에 부던 바람   유응부

간밤에 부던 바람 눈서리 치단 말가.

낙락장송이 다 기울어 가노매라.

하물며 못다 핀 꽃이야 일러 무삼하리오.

[요즘 글로 풀어 읽기]

지난밤에 불던 바람 눈서리까지 몰아쳤던가.

가지가 늘어진 키 큰 소나무도 다 쓰러져 가는구나.

하물며 채 피어나지 못한 꽃송이야 말해 무엇 할까.

✛ 지은이가 궁금해

유응부(?~1456)는 조선 전기의 문신이었어요. 성삼문, 박
팽년 등과 함께 단종에게 충성을 다했던 사육신 중 한 사람이
지요. 그는 높은 벼슬자리에 있으면서도 가난한 살림을 꾸릴
만큼 청렴한 선비였어요. 또한 문신이면서 무예 솜씨도 뛰어
났지요.

유응부는 명나라 사신을 환영하는 연회 때 세조를 살해하

고 단종을 다시 왕위에 앉히려는 계획을 세웠어요. 하지만 그 전에 모든 일이 들통나 모진 고문을 받다가 죽고 말았지요.

✛ 감상 길라잡이

조선시대 참다운 선비들은 무엇보다 명예를 중요하게 생각했어요. 자기가 옳다고 믿으면 생명의 위협도 기꺼이 받아들였지요.

그들은 조카인 단종을 내몰고 왕위에 오른 세조의 행동을 결코 용서할 수 없었어요. 여러 선비들이 그 잘못을 따져 묻다가 귀양을 가거나 목숨을 잃게 되었지요.

〈간밤에 불던 바람〉은 세조가 왕위에 오른 뒤 혼란스러워진 세상을 한탄한 작품이에요. 유응부는 이 시조를 통해 세조에게 저항하다가 희생된 선비들의 운명을 안타까워했지요.

유응부에게 세조의 등장은 눈서리가 몰아치는 매서운 바람과 같은 것이었어요. 그처럼 혹독한 날씨에 가지가 축축 늘어진 아름드리 소나무, 그러니까 나라의 기둥인 학식 높고 충성스런 신하들이 하나둘 생명을 잃고 말았지요.

어디 그뿐이겠어요. 세조가 휘두르는 탄압의 칼날은 조선의 미래를 짊어지고 나갈 젊은 선비들도 피해 가지 않았어요.

못 다 핀 꽃송이 같은 그들이, 옳지 않은 일을 비판할 줄 아는 의젓한 젊은이들의 희생이 유응부는 너무나 마음 아팠어요. 그래서 그는 참을 수 없는 슬픔을 〈간밤에 불던 바람〉이라는 한 편의 시조에 절절히 담아냈지요.

✚ 한 걸음 더 - 단종 폐위 사건

'폐위'란 왕이나 왕비 등의 자리를 잃는 것을 말해요. 조선 제6대 임금 단종은 왕위에 오른 지 불과 3년 만에 폐위되었지요. 단종을 폐위시킨 사람은 삼촌인 수양대군이었어요.

단종은 12세의 나이로 임금이 되었어요. 아버지 문종의 유언에 따라 김종서, 성삼문, 박팽년 등이 정성을 다해 어린 단종을 보살폈지요.

그런데 한명회, 권람 등은 단종을 지지하지 않았어요. 그들은 단종 곁의 신하들을 하나둘 물리치고 수양대군이 임금의 자리에 앉도록 도왔지요. 결국 삼촌이 조카의 왕위를 빼앗은 것이었어요. 그렇게 조선의 제7대 임금 세조가 탄생했지요.

하지만 단종에게 충성을 다했던 신하들은 그런 현실을 도저히 받아들이지 못했어요. 성삼문, 박팽년, 하위지, 이개, 유응부 등은 단종을 다시 왕위에 앉히려고 온갖 노력을 기울였지요. 그들은 인간의 도리를 저버린 세조를 결코 임금으로 모실 수가 없었어요.

그러나 단종은 끝내 궁궐로 돌아오지 못했어요. 오히려 그를 도우려고 나섰던 많은 신하들이 목숨을 잃었지요. 단종 역시 끊임없이 자살을 강요받다가 17세의 나이로 세상을 떠나고 말았어요.

✛ 한 걸음 더 - 사육신

성삼문, 박팽년, 하위지, 이개, 유성원, 유응부, 김문기!

그들은 몸이 찢기는 고통 속에서도 끝내 세조를 임금으로 인정하지 않았어요. 단종에 대한 변함없는 충성을 다짐하며 기꺼이 참담한 죽음을 받아들였지요.

그 때 목숨을 잃은 신하들을 일컬어 죽을 사(死)자를 붙인 사육신이라고 해요. 처음에는 6명이라 사육신으로 불렸는데, 1982년 국사편찬위원회의에서 뒤늦게 김문기를 추가했지요.

그 뒤 사육신이 새롭게 평가받은 것은 200여 년이 훌쩍 지난 숙종 때였어요. 비로소 사육신의 충성심과 절개가 많은 사람들의 존경을 받게 되었지요.

강호에 가을이 드니 맹사성

강호에 가을이 드니 고기마다 살쪄 있다.
소정에 그물 실어 흘리띄워 던져두고
이 몸이 소일하옴도 역군은이샷다.

[요즘 글로 풀어 읽기]
자연에 가을이 찾아드니 물고기마다 살이 올랐다.
작은 배에 그물 실어 물결 흐르는 대로 던져두고
이 몸이 이렇게 세월을 보내는 것 역시 임금님의 은혜로다.

✛ 지은이가 궁금해

맹사성(1360~1438)은 고려 말에서 조선 초에 이르는 시기
의 재상이었어요. '재상'은 이품 이상의 높은 벼슬아치를 일컫
는 말인데, 그는 조선 세종 때 우의정 자리에까지 올랐지요.

맹사성은 청렴한 선비로 유명했어요. 재상의 집 같지 않게
소박한 살림살이였고, 말과 행동도 겸손해 따르는 사람들이
많았지요. 그는 역사서 『태종실록』을 펴내는 데 관여하는 등

조선 초기에 나라의 기틀을 다지기 위해 최선을 다했어요.

✚ 감상 길라잡이

이 시조는 〈강호사시가〉 중 한 수예요. 〈강호사시가〉란, 자연 속의 삶을 기뻐하며 그것을 임금의 은혜로 여기는 전체 4수의 작품이지요.

〈강호사시가〉는 각 수가 계절별로 나뉘어 있어요. 다시 말해 '강호에 봄이 드니~', '강호에 여름이 드니~', '강호에 가을이 드니~', '강호에 겨울이 드니~' 하는 식이지요. 그리고 마지막은 모두 임금의 은혜라는 뜻의 '역군은이샷다'로 끝맺고 있어요.

맹사성은 나이가 들어 벼슬자리에서 물러난 뒤 〈강호사시가〉를 썼어요. 그는 정치에서 손을 떼고 나서도 임금을 향한 강직한 마음에 변함이 없었지요. 오히려 자연의 변화까지 임금의 은혜로 생각할 만큼 충성심은 더욱 깊어졌어요. 한가한 봄날의 흥겨움과 한여름의 시원한 강바람, 한겨울의 추위를 거뜬히 이겨내는 것도 모두 임금의 보살핌이 있어 가능한 것이라고 믿었지요.

앞서 이야기했듯, 맹사성은 조선 초기 나라의 기틀을 다지는 데 많은 역할을 했던 사람이에요. 그는 건국 초 혼란스러웠던 사회를 안정시키기 위해 여러모로 최선을 다했지요. 그리고 세월이 흘러 조선은 그가 꿈꾸던 대로 평안한 나라가 되었어요. 어느새 노인이 된 맹사성은 그 사실이 감격스러웠고, 임금을 중심으로 조선이 더욱 발전하기를 바랐지요.

✚ 한 걸음 더 - 『청구영언』

맹사성의 〈강호사시가〉는 『청구영언』이라는 책에 실려 전하고 있어요. 조선 후기의 이름난 시조시인 김천택이 펴낸 『청구영언』은 여러 사람의 다양한 작품으로 엮은 옛시조 모음집이지요. 여기서 '청구'는 우리나라를, '영언'은 시와 노래를 뜻해요.

『청구영언』은 김수장이 펴낸 『해동가요』, 박효관·안민영이 펴낸 『가곡원류』와 함께 우리나라 3대 시문학 작품집으로 손꼽히고 있어요. 아울러 그 중에서도 가장 오래된 것으로 평가받지요.

『청구영언』이 처음 세상에 나온 때는 1727년이었어요. 당시 조선의 임금은 영조였어요. 그 후 김천택은 계속 원고를 수집하고 손보아 이듬해 다시 책을 펴냈지요. 그래서 학자들은 1728년을 『청구영언』이 완성된 해로 보고 있어요. 수록 작품 수는 고려 말부터 조선 후기까지 580여 편에 달하지요.

한편 『청구영언』은 김천택이 지은 원본 말고 여러 권의 '이본'이 발간되었어요. 이본이란, 문학 작품 등에서 기본적인 내용은 같으면서 부분적인 차이가 있는 책을 일컫지요. 이를 테면 육당 최남선본이나 가람 이병기본으로 불리는 『청구영언』이 있어요.

✤ 한 걸음 더 - 청백리

맹사성은 백성들 사이에서 '청백리'로 일컬어지는 선비였어요. 청백리란, 조선시대 최고의 행정 기관인 의정부에서 능력이 있으면서도 청렴하고 부지런하며 어진 성품을 지닌 관리에게 내리던 호칭이지요. 맹사성을 비롯해 황희, 이황, 김장생, 이항복 등 219명이 배출되었다고 해요.

검으면 희다 하고

김수장

검으면 희다 하고 희면 검다 하네.

검거나 희거나 올타하리 전혀 업다.

찰하로 귀 막고 눈 감아 듣도 보도 말리라.

[요즘 글로 풀어 읽기]

검으면 희다고 하고 희면 검다고 하네.

검다고 하나 희다고 하나 옳을 것 전혀 없으리.

차라리 귀 막고 눈 감아 듣지도 보지도 않으리라.

✛ 지은이가 궁금해

김수장(1690~?)은 조선 후기의 시조시인이에요. 높은 벼슬을 하지는 않았지만, 시조에 대한 열정만큼은 누구보다 뜨거웠어요. 여기저기 흩어진 시조를 모으고 보존하는 데 있어서도 『청구영언』을 펴낸 김천택과 함께 쌍벽을 이루었지요.

김수장은 우리나라 3대 시문학 작품 모음집 중 하나인 『해동가요』를 펴냈어요. 그는 그 책에 다른 사람들의 시조와 함께 자신의 작품도 117수 수록했지요.

✦ 감상 길라잡이

　조선시대에는 정치적인 입장에 따라 뜻을 함께하는 사람들
끼리 뭉쳐 치열한 경쟁을 벌였어요. 그것을 일컬어 '붕당정치'
라고 하지요. 서인이니 동인이니, 북인이니 남인이니, 노론이
니 소론이니 하는 것이 모두 붕당정치의 한 모습이었어요.

　붕당정치는 장점과 단점을 함께 갖고 있었어요. 장점이라
면, 서로 경쟁을 통해 학문과 정치의 발전을 이룰 수 있었다
는 거예요. 그와 달리 단점이라면, 경쟁이 지나쳐 생산적이지
못한 갈등을 빚고 자기와 생각이 다른 사람들을 멀리했다는
것이지요.

　〈검으면 희다 하고〉는 그 중 노론과 소론이 한창 경쟁할 무
렵에 지어진 시조예요. 김수장은 이 작품을 통해 지나친 붕당
정치의 문제점을 꼬집었지요.

　당시 사회 분위기는 완전히 검거나 완전히 희기만을 강요
했어요. 조금이라도 다르면 금세 적이 되기 십상이었지요. 그
러므로 김수장이 보기에는 검다는 쪽이나 희다는 쪽이나 옳
다고 말할 수 없었어요. 그들은 모두 자신들의 이익을 좇을
뿐이었어요. 좀처럼 다른 사람의 생각에 귀 기울이려고 하지
않았지요.

그래서였을까요. 마침내 김수장은 단단히 어떤 결심을 하기에 이르렀어요. 그것은 다름 아니라, 차라리 귀 막고 눈 감아 듣지도 보지도 않겠다는 것이었지요.

✛ 한 걸음 더 - 탕평책

조선은 제21대 임금인 영조 때 여러모로 눈에 띄게 발전했어요. 영조는 양반들의 사치스런 생활을 금지하고 백성들의 세금 부담을 가볍게 하는 등 많은 일을 했지요. 그 가운데 '탕평책'은 무엇보다 큰 업적으로 손꼽혀요.

한자성어 중에 '탕탕평평'이라는 것이 있어요. 싸움, 시비, 논쟁 등을 벌일 때 어느 편에도 치우치지 않고 공평하게 대하는 것을 이르지요.

탕평책은 바로 탕탕평평에서 비롯된 말이에요. 붕당정치의 문제를 없애기 위해 각 집단의 인재들을 고르게 관리로 임명했던 정책이지요. 영조는 높은 벼슬자리에도 당시 노론과 소론의 인재들을 고루 앉혀 조선의 모든 선비들이 함께 화합하기를 바랐어요. 그래야만 나라가 더욱 발전할 수 있다고 믿었지요.

하지만 영조의 노력은 곧 거센 저항에 부딪혔어요. 붕당정치의 뿌리 깊은 문제들이 하루아침에 깨끗이 사라질 수는 없었지요. 그래서 영조의 뒤를 이어 임금이 된 정조는 더욱 강

력하게 탕평책을 펼쳤어요. 그는 관리들의 거센 반대를 무릅
쓰고 양반의 본부인이 낳지 않은 자식인 서얼도 재능이 있으
면 과감히 벼슬자리에 앉혔지요.

구즌 비 머저 가고

윤선도

구즌 비 머저 가고 시냇물이 맑아 온다.

　배 떠라 배 떠라

낫대를 두러메니 기픈 흥을 금 못할다.

　지국총 지국총 어사와

연강 첩장은 뉘라서 그려 낸고.

[요즘 글로 풀어 읽기]

궂은 비 멈추어 가고 시냇물이 맑아진다.

　배 띄워라 배 띄워라!

낚싯대를 둘러메니 마음속 신바람을 참지 못하겠구나.

　찌그덩 찌그덩 어여차!

안개 자욱한 강과 여러 겹의 산봉우리는 누가 그려 놓았을

까?

✚ 지은이가 궁금해

윤선도(1587~1671)는 조선 중기의 문신이었어요. '외로운 산'이라는 뜻의 '고산(孤山)'이라는 호로도 잘 알려져 있지요.

고산 윤선도는 유교 사상과 역사, 지리 등에 폭넓은 지식을 갖춘 선비였어요. 특히 시조시인으로 남다른 재능을 발휘했지요. 그 중에서도 자연을 소재로 한 그의 작품들은 수준이 매우 높은 것으로 평가받고 있어요. 윤선도의 작품은 『고산유고』라는 문집에 시조 75수 등이 수록되어 오늘날까지 전해지고 있지요.

✚ 감상 길라잡이

이 작품 〈구즌 비 머저 가고〉는 〈어부사시가〉 중 일부예요. 윤선도는 65세 때 전라남도 보길도에 머물며 〈어부사시가〉를 지었지요.

〈어부사시가〉는 봄·여름·가을·겨울 각 계절마다 10수씩 해서 모두 40수로 구성되어 있어요. 여기서 '어부'란 고기잡이를 직업삼아 생계를 꾸려가는 사람이 아니라, 강이나 호수에서 여유를 즐기며 자연의 아름다움을 만끽하는 선비를 일컫지요.

〈어부사시가〉는 각 수마다 배를 띄우고 돌아오는 과정을 담은 후렴구가 있어요. 이를테면 '배 떠라 배 떠라', '지국총 지국총 어사와' 따위가 그것이지요. 후렴구를 따서 이어붙이면 배를 띄우고, 닻을 올리고, 노를 젓고, 돛을 내리고, 배를 뭍에 정박시키는 등의 과정이 그림처럼 연결되어요. 아울러 '지국총 지국총 어사와' 는 노 젓는 소리를 한자어로 표현한 것이지요.

윤선도는 〈구즌 비 머저 가고〉에서 반갑지 않은 비가 그친 뒤 배를 타고 낚시하러 떠나는 설렘을 잘 표현했어요. 주변 경치는 또 얼마나 아름다운지요. 안개 내린 강물을 따라 흘러가다 보니 첩첩산중의 산봉우리가 그의 눈에는 마치 한 폭의 그림처럼 여겨졌어요.

고산 윤선도는 조선시대 시조 문학의 대가로 손꼽히는 사람이에요. 언어를 갈고 닦는 솜씨는 그를 따를 자가 거의 없었지요. 그는 시조를 통해 우리말의 맛과 멋을 한껏 드높였어요.

✛ 한 걸음 더 - 호

옛날에 선비들은 다른 선비의 이름을 함부로 부르지 않았어요. 그래서 본래 이름 대신 편하게 부를 수 있는 '호'를 정해 사용했지요. 호는 주로 그 사람이 사는 지역이나 좋아하는 물건, 마음에 품은 좌우명 등을 담아 지었어요.

그런데 호는 이름처럼 한 사람이 하나씩 갖는 것이 아니었어요. 서너 개씩 호를 갖고 있는 경우도 흔했지요. 심지어 붓글씨의 대가 추사 김정희는 알려진 것만 해도 호가 무려 200여 개나 된다는군요.

+ 한 걸음 더 - 유배

조선시대에는 범죄자를 다섯 가지 형벌로 다스렸어요. 사형, 유형, 도형, 장형, 태형이 그것이지요. 이 가운데 사형은 목숨을 빼앗는 것, 도형은 중노동을 시키는 것, 장형은 크고 기다란 몽둥이로 볼기를 치는 것, 태형은 작은 몽둥이로 때리는 것이었어요.

그리고 유형이란, 유배와 같은 의미의 말이에요. 유형은 범죄자를 섬 같은 먼 지역에 귀양 보내는 형벌이었지요. 다른 형벌들이 그렇듯, 유형도 죄의 무겁고 가벼움에 따라 여러 등급으로 기준이 나뉘어 있었어요. 유형은 주로 정치적인 문제를 일으킨 양반들에게 적용되었지요.

예를 들어 어떤 범죄자에게 '장 100대에 유 2,000리'라는 형벌이 내려졌다고 가정해 봐요. 이 경우 죄인은 100대의 장형을 당한 뒤 2,000리 밖으로 유배를 떠나야 한다는 거예요. 조선시대에는 대부분의 유형에 장형을 더하여 처벌했지요.

유형은 단지 우리나라에만 있었던 형벌이 아니에요. 과거 유럽에서는 많은 사람들을 추운 시베리아 지역으로 유배 보냈지요. 한때 프랑스 황제였던 나폴레옹이 세인트헬레나 섬에 보내진 것도 유형을 당한 것이었어요.

꽃 지고 속잎 나니

신흠

꽃 지고 속잎 나니 시절도 변하거다.
풀 속의 푸른 벌레 나비 되어 나타난다.
뉘라서 조화를 잡아 천변만화하는고.

[요즘 글로 풀어 읽기]
꽃이 지고 속잎이 움트니 계절도 바뀌는구나.
풀 속에 있던 푸른 애벌레 나비 되어 나는구나.
그 누가 조화를 부려 끝없이 변화하게 하는가.

✛ 지은이가 궁금해

신흠(1566~1628)은 조선 중기의 문신이었어요. 문장력이
뛰어나 외교 문서를 작성하거나 나라의 중요한 자료들을 정
리하는 데 큰 역할을 담당했지요. 아울러 그는 한문학에도 깊
이 있는 지식을 갖추어 따르는 선비들이 아주 많았어요.

특히 신흠은 선조부터 인조까지 임금들로부터 두터운 신임
을 받았어요. 자연히 높은 벼슬자리에도 올라 우의정과 좌의

정, 영의정을 두루 거쳤지요.

✛ 감상 길라잡이

지금으로부터 약 1만 년 전, 비로소 정착 생활을 하는 인류가 나타났어요. 사람들이 한 곳에 머물며 농작물을 재배하고 가축을 키우기 시작했던 것이지요.

그 때부터 인류의 문명은 빠르게 발달했어요. 촌락이 도시로 성장하고, 여러 도시가 화합과 갈등의 역사를 거쳐 국가를 탄생시켰지요. 그렇게 사람들은 더 많이 수확하고 더 빨리 이동하며, 더 많은 재미와 여유를 누리게 되었어요. 그러다 보니 종종 겸손함을 잃어 마치 인간이 세상의 지배자인 것처럼 행동하기도 했지요.

그러나 아무리 문명이 발달해도 인간은 자연 앞에서 하찮은 존재일 뿐이에요. 여전히 파도가 높으면 배를 띄울 수 없고, 날씨가 궂으면 비행기가 안전하게 날 수 없지요. 해마다 이런저런 자연재해 때문에 수많은 사람들이 목숨을 빼앗기는 것은 물론이고요.

어디 그뿐인가요. 때가 되면 꽃이 피고 낙엽이 지고 눈이 내리는 자연의 변화는 또 얼마나 신비로운지요. 인간이 도대체 어떤 힘으로 그와 같은 변화를 일으킬 수 있겠는지요.

신흠은 〈꽃 지고 속잎 나니〉라는 작품을 통해 바로 그런 자연의 변화에 감탄하고 있어요. 그가 보기에 꽃이 지고 속잎이 움트며, 꿈틀거리던 애벌레가 나비가 되어 훨훨 날아다니는 것은 계절이 바뀌는 신호지요. 어느덧 봄이 지나고 초여름으로 접어드는 거예요. 신흠은 끊임없는 자연의 변화가 놀라워 누구의 조화일까 한동안 고개를 갸웃거렸지요.

✤ 한 걸음 더 - 영의정 · 좌의정 · 우의정

영의정, 좌의정, 우의정을 일컬어 '삼정승'이라고 했어요. 모두 정1품의 높은 벼슬인데, 순위를 따지자면 앞서 적은 대로 영의정 · 좌의정 · 우의정 순이었지요.

영의정은 조정의 업무를 책임지는 최고 벼슬자리였어요. 지금의 국무총리와 비슷하다고 볼 수 있지요. 좌의정은 외교 분야 일을 살폈고, 우의정은 나라 안의 살림을 돌보았어요. 좌의정이나 우의정이나 그 밖의 나랏일에도 중요한 역할을 했음은 물론이고요.

삼정승은 나라에 중요한 일이 있을 때 함께 모여 의논했어요. 그리고 결정된 사항을 임금에게 보고했지요. 그런 뒤 임금이 어떤 명령을 내리면, 그것은 다시 삼정승을 통해 해당되는 '육조'로 전달되었어요.

여기서 육조란 중앙 관청을 일컫던 말이에요. 이조 · 호조 · 예조 · 병조 · 형조 · 공조로 나뉘어 있었지요. 삼정승이 1품이었던 것에 비해 시대에 따라 정2품~정3품에 해당하는 벼슬이었어요. 이를테면 육조는 지금의 지식경제부, 행정안전부, 국방부 등처럼 저마다 역할을 나누어 맡아 나랏일을 돌보았던 거예요.

내 벗이 몇이냐 하니 수석과 송죽이라.
동산에 달 오르니 긔 더욱 반갑고야.
두어라, 이 다섯 밖에 또 더하여 무엇 하리.

[요즘 글로 풀어 읽기]
나의 벗이 몇인가 생각해 보니 물과 돌, 소나무와 대나무.
동쪽 산에 달이 떠오르니 그것은 더욱 반갑구나.
다른 것은 그냥 두어라, 이 다섯 가지 말고 무엇을 더하겠
는가?

✛ 지은이가 궁금해

윤선도(1587~1671)는 붕당정치의 소용돌이 속에서 숱한 어
려움을 겪었어요. 이런저런 모함을 받아 벼슬자리에서 물러
나야 했고, 무려 18년 동안 낯선 곳에서 유배 생활을 했지요.
심지어 그는 80세가 될 무렵에도 유배지에 있었어요.

그런 까닭에 윤선도는 점점 사람에 대한 믿음과 기대를 잃

어갔어요. 그 대신 그는 자연에서 위로받으며 희망을 찾았지요. 그에게 자연은 친구였고, 험한 세상을 벗어나 휴식할 수 있는 안식처였어요.

✛ 감상 길라잡이

이 시조는 〈오우가〉 중 한 수예요. 〈오우가〉는 윤선도가 56세 되던 해에 자연 속의 삶을 살며 지은 것으로 전체 6수의 작품이지요. 그 중 〈내 벗이 몇이냐 하니〉는 〈오우가〉를 여는 첫 번째 작품이에요.

'오우가'란, 다섯 가지 벗에 대한 노래라는 의미예요. 윤선도는 〈내 벗이 몇이냐 하니〉에 그것이 무엇인지 하나하나 밝히고 있지요. 윤선도가 시조까지 지어 칭찬하는 다섯 벗은 물과 돌, 소나무, 대나무, 그리고 달이에요. 윤선도는 그 밖에 다른 것은 아무것도 필요 없다고 말하고 있어요. 다른 것은 그냥 두라고, 자기는 그 벗들만 있으면 아무런 부족함이 없다고 강조하고 있지요.

그럼 윤선도가 자연 속의 많은 것들 중 특별히 물과 돌, 소나무, 대나무, 그리고 달을 손꼽은 까닭은 무엇일까요?

우선 윤선도는 쉼 없이 흐르는 물의 성질을 칭찬했어요. 구름은 먹구름이 낄 때가 있고, 아무리 맑은 바람도 그칠 때가 있는데 물은 그렇지 않다는 것이지요.

그런 식으로 돌은 꽃과 달리 변하지 않아서, 소나무는 눈서리 속에서도 꿋꿋함을 잃지 않아서, 대나무는 사철 푸르고 곧게 자라서 좋아했어요. 달은 어두운 세상을 환히 비추면서도 자신이 본 것을 떠벌이지 않는 점이 윤선도의 마음에 쏙 들었고요.

✤ 한 걸음 더 - 달을 노래하다

〈오우가〉의 여섯 번째 수는 '작은 것이 높이 떠서~'로 시작되는 '달'에 관한 작품이에요. 이 작품에서 달은 캄캄한 밤중에 세상 만물을 밝게 비추는 대단한 존재로 이야기되지요.

하지만 그런 이유만으로 윤선도가 달을 좋아하는 것은 아니에요. 달은 답답한 자신의 마음을 훤히 살피는 것은 물론이고, 그것을 함부로 떠들어대지도 않지요. 인간들처럼 진심을 알지도 못하면서 모함하고 질투하지 않는다는 거예요.

그럼 그와 같은 작자의 마음을 헤아리며 〈오우가〉의 여섯 번째 수를 감상해 보도록 해요.

작은 것이 높이 떠서 만물을 다 비취니,
밤중의 광명이 너만한 이 또 있느냐.
보고도 말 아니 하니 내 벗인가 하노라.

[풀이]

작은 것이 하늘 높이 떠서 세상의 온갖 것들 다 비추니,

캄캄한 한밤중의 빛이 너와 견줄 것 또 있을까?

보고도 말을 하지도 않으니 진정 나의 벗이라 생각한다.

✤ 한 걸음 더 - 사군자

윤선도가 다섯 가지 벗 중 하나로 손꼽은 대나무는 예로부터 선비들의 올곧은 절개를 상징했어요. 그래서 동양화의 중요한 소재로 자주 이용되었지요.

흔히 대나무는 매화, 난초, 국화와 더불어 '사군자'로 불렸어요. 사군자는 혼탁한 세상에 물들지 않은 선비들의 신념과 절개를 담아내는 훌륭한 그림 소재였지요. 꼭 화가가 아니더라도 많은 선비들이 사군자를 그리며 자신의 마음을 다스리곤 했어요.

녹이 상제 살지게 먹여 최영

녹이 상제 살지게 먹여 시냇물에 씻겨 타고
용천 설악 들게 갈아 둘러메고
장부의 위국충절을 세워 볼까 하노라.

[요즘 글로 풀어 읽기]
좋은 말을 기름지게 먹여 시냇물에 깨끗이 씻겨 타고
좋은 칼을 잘 들게 갈아 둘러메고
대장부의 나라 위하는 충성스런 마음을 세워 보려 하노라.

✤ 지은이가 궁금해

최영(1316~1388)은 고려 말의 유명한 장군이었어요. 공민
왕 때 고려를 침략한 홍건적을 물리치고, 우왕 때 왜구를 물
리치는 등 여러 차례 큰 공을 세웠지요. 언제나 외적에 당당
히 맞서 싸우는 최영이 있어 고려는 오래도록 나라를 굳건히
지킬 수 있었어요.

하지만 고려에 대한 최영의 충성은 비극으로 막을 내렸어

요. 고려에 무리한 요구를 하는 명나라에 대한 공격을 지휘하다가 이성계가 뜻을 달리하는 바람에 목숨을 잃고 말았지요.

✛ 감상 길라잡이

이 작품을 이해하려면 우선 '녹이 상제'와 '용천 설악'의 의미를 알아야 해요. '녹이'와 '상제'는 중국 주나라의 목왕이 타던 말 이름이에요. 두 마리 다 아주 빠르고 영리했지요. 그리고 '용천 설악'은 칼날이 날카로운 보배로운 칼을 뜻하는 말이에요.

최영은 고려에 대한 충성심이 남다른 장군이었어요. 어떤 어려움과 위협 앞에서도 그 마음이 변치 않았지요. 〈녹이 상제 살지게 먹여〉 역시 그와 같은 최영의 충성심이 잘 나타난 작품이에요.

하루에 천 리를 훌쩍 달린다는 명마를 타고, 중국의 이름난 장수들이 감탄했다는 보물 같은 칼을 높이 치켜든 늠름한 대장부. 그의 가슴속에는 임금과 나라를 사랑하는 마음이 가득했어요. 결국 죽음조차 그의 굳은 신념을 가로막지 못했지요.

최영은 〈녹이 상제 살지게 먹여〉 같은 시조 말고도 몇몇 명언을 남긴 것으로 잘 알려져 있어요. 그 말들을 살펴보면 그의 청렴결백했던 생활 태도까지 짐작할 수 있지요.

한 가지 예를 들면 다음과 같은 것이 있어요.

"황금 보기를 돌같이 하라!"

이 말은 나라의 녹을 먹는 사람으로서 사치스런 생활을 멀리하고 부정한 짓을 하지 않겠다는 다짐을 담고 있어요. 실제로 그는 높은 벼슬자리에 있으면서도 뇌물을 받는 법이 없었으며, 입고 먹고 잠자는 것 모두 평민과 다를 바가 없었다고 전하지요.

✛ 한 걸음 더 – 요동 정벌

최영이 군사를 일으켜 명나라를 공격하려고 했던 까닭은 고려의 영토를 잃고 싶지 않았기 때문이에요. 그는 일찍이 고려를 침범한 외적들을 수차례 물리친 경험이 있었지요.

당시 중국 땅에는 명나라가 들어서 있었어요. 그런데 그들은 자꾸만 고려를 향해 무리한 요구를 해왔지요. 공물을 바치라는 요구는 기본이고, 심지어 우리 영토인 철령 북쪽 지역을 내놓으라고 강요하기에 이르렀어요. 그들은 그 땅을 자신들의 요동 지역에 복속시키려고 했지요.

요동 지역은 한반도를 토끼 모양으로 가정했을 때, 입 부분에 해당하는 곳 근처에 있는 중국 땅이에요. 그 곳은 옛날에 고조선과 고구려의 영토였지요. 그럼에도 명나라는 원나라가 한때 그 땅을 지배했다는 이유를 들어 다짜고짜 내놓으라고 강요했던 거예요.

이 무렵 고려에는 명나라에 대한 공격을 반대하는 신하들도 적지 않았어요. 그들은 작은 나라가 큰 나라의 요구를 섣불리 거역할 수는 없다고 주장했지요.

그러나 최영은 결코 결심을 바꾸지 않았어요. 우왕도 누구보다 최영을 믿어 명나라를 공격하기로 결정했지요. 그렇게 요동 정벌은 시작되었어요. 하지만 이성계 등이 위화도에서 군사를 돌려 고려에 남아 요동 정벌을 총 지휘하던 최영의 목숨을 빼앗았지요.

✛ 한 걸음 더 - 고려

삼국통일 이후, 고려는 왕건이 분열된 한반도를 다시 통일해 세운 왕조였어요. 918년에서 1392년에 이르기까지 무려 475년 동안 그 역사가 이어졌지요. 제1대 왕은 태조 왕건이었고, 마지막 제34대 왕은 공민왕이었어요.

농암에 올라 보니

이현보

농암에 올라 보니 노안이 유명이로다.
인사가 변한들 산천이야 가실까.
암전의 모수모구가 어제 본 듯하여라.

[요즘 글로 풀어 읽기]
농암 바위에 올라 보니 늙은이의 눈이 오히려 밝네.
사람의 일이 변한다 해도 고향의 자연이야 변할 리 있을까.
바위 앞의 이름 없는 물과 언덕은 어제 본 듯 아무런 변화
도 없어라.

＋ 지은이가 궁금해

이현보(1467~1555)는 조선 중기의 문신이었어요. 성주 목
사로 일할 때 백성들을 잘 보살핀 공을 인정받아 임금이 하사
하는 선물을 받았지요. 그 후 경상도 관찰사, 형조참판, 호조
참판 등의 벼슬을 했어요.

이현보는 성품이 순하고 욕심 때문에 지조를 잃는 법이 없

어 평생 따르는 사람이 많았어요. 아울러 남다른 글재주도 갖고 있어 『농암집』이라는 시문집을 남기기도 했지요. 이 책은 오늘날 국문학 역사의 중요한 자료로 평가받고 있어요.

+ 감상 길라잡이

'농암'은 이현보의 고향인 경상도 안동 지역에 있는 바위 이름이에요. 이현보는 나이가 들어 벼슬자리에서 물러난 뒤 고향으로 내려가 여생을 보냈지요. '농암'이라는 한자어를 풀이하면 '귀머거리 바위'라는 뜻이에요.

어느 날 이현보는 어린 시절 추억이 깃들어 있는 농암에 올라가 보았어요. 그러자 나이 탓에 침침해진 눈이 환하게 밝아오는 듯한 기분이 느껴졌지요.

이현보는 벼슬자리에 있으면서 온갖 일을 겪었어요. 그의 주변에는 출세를 위해 서로 다투고 시기하는 사람들이 득실거렸지요. 그것도 모자라 권력을 차지하기 위해 다른 사람의 목숨을 빼앗는 일이 일어나기도 했어요.

하지만 고향 마을의 자연은 변화무쌍한 인간 세상과 달랐어요. 농암 앞을 흐르는 시냇물과 크고 작은 언덕들은 수십 년 전 모습을 그대로 간직하고 있었지요. 오랜 세월이 지나도 변함없는 자연은 사람들 사이에서 느낄 수 없는 평온함을 안겨 주었어요.

그렇듯 〈농암에 올라 보니〉에는 일평생 나라를 위해 열심히 일하고 은퇴한 선비의 여유로운 마음이 잘 나타나 있어요. 그동안 아옹다옹하며 살았던 세월에 대한 후회도 살짝 담겨 있고요. 어느새 노인이 된 이현보는 옛날과 조금도 다르지 않은 고향의 자연 앞에서 순수했던 한때를 추억하며 이 시조를 지었겠지요.

✤ 한 걸음 더 - 귀거래사

중국의 대표적인 시인 도연명의 작품 중에 〈귀거래사〉라는 것이 있어요. 405년, 그의 나이 41세에 쓴 작품이지요. 도연명은 당시 관직을 버리고 고향 마을로 돌아가는 길에 자신의 마음을 한 편의 시로 읊었어요.

〈귀거래사〉는 모두 4장으로 구성되어 있어요. 각 장은 관리 생활을 그만두고 만끽하게 된 해방감과 그리운 고향집에 다다라 자녀들의 환영을 받는 기쁨, 복잡한 세상과 관계를 끊고 전원생활을 하며 찾게 된 평온함 등을 이야기하고 있지요. 그리고 마지막 장에는 목숨이 다하는 날까지 자연의 섭리에 따라 살아가겠다는 다짐을 담고 있어요.

그 후 〈농암에 올라 보니〉처럼 관직을 그만두고 자연 속에서 사는 즐거움을 이야기하는 작품을 일컬어 흔히 '귀거래사'라고 해요. 그것은 도연명의 〈귀거래사〉와 비슷한 주제를 담은 작품이라는 의미로 쓰이는 말이지요.

+ 한 걸음 더 - 육조

조선시대에는 중앙 관청이 6개로 구분되어 있었어요. 그것을 '육조'라고 했는데 이조, 호조, 예조, 병조, 형조, 공조를 일컫는 말이었지요. 육조의 최고 관리는 '판서'라고 했어요. 판서 다음 직급은 '참판'이었고요.

〈농암에 올라 보니〉를 쓴 이현보는 한때 형조참판이었는데, 그 말은 육조 가운데 하나인 형조에서 두 번째로 높은 벼슬자리에 있었다는 뜻이지요. 참고로 형조는 법률, 소송, 노예 등에 관한 업무를 맡아보는 관아였어요.

뉘라서 까마귀를 검고 흉타 하돗던고.

반포보은이 긔 아니 아름다온가.

사람이 저 새만 못함을 못내 슬허하노라.

[요즘 글로 풀어 읽기]

그 누가 까마귀를 검고 불길한 새라고 하였던가.

반포보은 그것이 정말 아름답지 않은가.

사람이 저 까마귀만 못한 것을 못내 슬퍼하노라.

✛ 지은이가 궁금해

박효관(?~?)에 대해서는 조선 고종 임금 때의 이름난 가객이라는 것 말고 알려진 바가 별로 없어요. 그의 삶이나 출신 가문 등을 알 수 있는 기록이 거의 남아 있지 않지요. 그런 까닭에 아마도 신분이 높지는 않았을 것이라고 추측할 따름이에요.

그럼에도 우리의 옛시조를 이야기할 때 결코 박효관을 빼놓을 수는 없어요. 그는 1876년 제자 안민영과 함께 『가곡원류』라는 옛시조 모음집을 펴냈지요. 앞서 〈강호사시가〉를 공부할 때 설명했듯, 『가곡원류』는 『청구영언』 및 『해동가요』와 더불어 우리나라 3대 시문학 작품집이에요.

✛ 감상 길라잡이

조선은 유교 국가였어요. 유교는 국가에 대한 충성과 부모님에 대한 효도를 아주 중요한 덕목으로 강조했지요. 특히 효도는 인간이라면 누구나 마땅히 실천해야 하는 도리로 여겼어요.

박효관의 〈뉘라서 까마귀를〉은 효도의 마음이 사라져 가는 세태를 비판하는 내용을 담고 있어요. 그는 사람들이 기분 나쁜 새라며 멀리하는 까마귀를 등장시켜 안타까운 현실을 이야기하고 있지요. 비록 까마귀가 검고 흉한 이미지를 갖고 있지만, 오히려 사람보다 효심이 지극하다는 거예요.

〈뉘라서 까마귀를〉 중장에는 '반포보은'이라는 한자성어가 있어요. '자식이 부모님이 길러준 은혜에 보답한다.'는 의미지요. 까마귀가 다 자란 뒤 자기를 키워준 어미에게 먹이를 물어다 준다는 속설에서 나온 말이에요.

박효관은 부모님의 은혜에 보답하는 까마귀를 효심 깊은 동물이라고 생각하며 감동했어요. 그의 눈에 까마귀의 그런 모습은 정말 아름답게 보였지요.

나아가 박효관은 까마귀만도 못한 효심을 가진 사람들을 떠올렸어요. 그의 주위에는 부모님에게 효도하지 않는 사람들이 적지 않았던 거예요. 박효관은 그런 현실이 매우 슬펐어요.

볼품없는 생김새에 불길한 예감을 갖게 하는 새. 하지만 어느 동물보다 효심이 지극한 까마귀.

박효관의 〈뉘라서 까마귀를〉은 한낱 까마귀만도 못한 사람들에게 따끔한 충고를 던지고 있어요. 부모님의 은혜를 가슴 깊이 새겨 진심으로 효도하라고 말이에요.

✢ 한 걸음 더 - 유교

유교는 공자를 시조로 하는 중국의 대표적인 사상이에요. '인(仁, 어질 인)'을 최고의 가치로 삼아 자신을 수양하고 집안과 국가를 다스려야 한다는 이념이지요. 유교는 지난 수천 년 동안 우리나라와 중국 등 동양 여러 나라의 정신세계를 지배해 왔어요.

유교 사상은 사서삼경에 잘 나타나 있어요. 사서삼경이란, 유교의 가르침을 전하는 '사서'와 '삼경'을 일컬어요. 사서는 『논어』, 『맹자』, 『대학』, 『중용』이에요. 삼경은 『시경』, 『서경』, 『역경』이고요.

그 가운데 『논어』는 공자의 말씀을 전하는 책이에요. 공자가 제자들과 주고받은 이야기를 비롯해 그의 업적과 언행 등이 간결하고도 의미심장하게 적혀 있지요.

유교의 가르침을 전하는 책은 사서삼경 말고도 그 수가 꽤 많아요. 하지만 뭐니 뭐니 해도 『논어』가 옛날 지식인들의 제일가는 유교 경전이었지요.

우리나라에 유교 사상이 전해진 때는 삼국시대로 알려져 있어요. 그 무렵부터 고려시대까지 유교는 유능한 관리를 교육하는 학문 등으로 널리 연구되었지요. 그리고 조선시대 들어서는 불교를 제치고 국가를 지배하는 이념이 되었어요.

✛ 한 걸음 더 - 억불숭유

조선은 건국 초기부터 '억불숭유' 정책을 펼쳤어요. 불교를 억압하고 유교를 떠받들었다는 말이지요.

그런데 조선 중기에 보우 선사가 나타나 불교를 부흥시켰어요. 그는 중종의 계비인 문정왕후의 신임을 받아 봉은사 주지가 되었지요.

봉은사는 성종의 능인 선릉을 보살피는 중요한 사찰이었어요. 계비란 임금이 다시 혼례를 올려 맞이한 아내를 일컫고요. 봉은사 주지가 된 보우 선사는 과거 시험에 승과를 두게 하는 등 막강한 권력을 휘둘렀지요.

하지만 훗날 문정왕후가 세상을 떠나자, 보우 선사는 요사스러운 중으로 몰려 참형 당했어요. 그 바람에 불교는 다시 억압받게 되었지요.

다만 한 간 초당에

안민영

다만 한 간 초당에 전통 걸고 책상 놓고
나 앉고 님 앉으니 거문고는 어디 둘꼬.
두어라 강산풍월이니 한데 둔들 어떠리.

[요즘 글로 풀어 읽기]

다만 한 칸짜리 오두막에 전통을 걸어두고 책상을 놓고
나와 임이 마주 앉고 나니 거문고는 어디에 두어야 할까.
염려 마라, 자연의 풍경이 아름다우니 밖에 둔들 어떠하리.

+ 지은이가 궁금해

안민영(?~?)은 조선 후기의 가객, 그러니까 시조를 잘 짓
고 창을 잘하는 사람이었어요. 스승인 박효관과 함께 옛시조
모음집 『가곡원류』를 펴냈지요.

그는 서얼 출신이었어요. 그래서 양반들로부터 적지 않은
따돌림을 당했지요. 그런 설움이 오히려 시조를 짓는 데는 도
움이 된 면도 있어요.

안민영의 작품은 『가곡원류』에 26수가 실려 전해지고 있어요. 그 밖에 '주옹'이라는 자신의 호로 제목을 삼은 『주옹만필』 등을 펴내기도 했지요.

✤ 감상 길라잡이

한자성어 중에 '안분지족'이라는 말이 있어요. '편안한 마음으로 자기 분수를 지키며 만족할 줄 아는 것'을 뜻하지요.

예로부터 우리 선조들은 안분지족을 가치 있는 삶의 덕목으로 여겼어요. 지나친 욕심이 화를 부른다는 사실을 잘 알고 있었기 때문이지요. 게다가 멋스럽고 훌륭한 경치를 즐길 줄 알아 가난한 생활 속에서도 여유를 잃지 않았어요.

안민영의 〈다만 한 간 초당에〉는 그와 같은 안분지족의 정신과 풍류가 잘 나타나 있어요. 이 시조에서 지은이는 한 칸짜리 오두막에 살고 있지요. 얼마나 방이 좁은지 화살을 넣어 두는 전통을 벽에 걸고 책상 하나를 놓고 나니, 간신히 두 사람이 앉을 공간밖에 남지 않았어요. 거문고조차 놓아둘 데가 없었지요.

그렇다고 사랑하는 '나'와 '님'이 떨어져 지낼 수는 없는 법. 당연히 거문고를 다른 곳에 두어야겠지요.

그런데 안민영은 거문고를 한데에 두어도 좋다고 말하고 있어요. 한데란, 어디 한 군데 덮거나 가리지 않은 집채의 바같을 일컫지요. 그렇게 해도 괜찮은 까닭은 자연의 풍경이 황홀할 만큼 멋지기 때문이에요.

수풀이 우거진 산과 맑은 강물, 그리고 새들이 지저귀는 강산풍월의 자연. 그런 곳이라면 아름다운 음악을 들려주는 거문고를 두기에 안성맞춤이라는 것이지요. 또한 그 곳에서 책을 읽고 무예를 연마하며, 풍류를 즐기는 자신의 삶에 만족한다는 의미도 담고 있어요.

✚ 한 걸음 더 - 매화 향기에 반하다

1840년 무렵, 안민영은 〈매화사〉라는 작품을 썼어요. 〈매화사〉는 말 그대로 매화를 소재로 삼은 8수의 연시조지요.

〈영매가〉라고도 하는 이 연시조는 안민영의 여러 작품들 중에 절창으로 손꼽혀요. 이른 봄밤에 피어난 맑고 섬세한 매화의 아름다움과 향기가 잘 표현되어 있지요. 그 중 둘째 수를 감상해 보도록 해요.

어리고 성긴 가지 너를 밋지 않았더니
눈 기약 능히 지켜 두세 송이 피었고나.
촉 잡고 가까이 사랑할 제 암향조차 부동터라.

연약하고 엉성한 가지라 꽃을 피울까 믿지 않았는데

눈 올 때를 기다리라는 약속 거뜬히 지켜 두세 송이 피웠구나.

촛불 켜고 가까이 감상하니 그 향기 그윽하게 떠 흘러라.

안민영은 스승 박효관의 집에 놀러 갔다가 때마침 피어나 향기를 내뿜는 매화를 보고 이 연시조를 지었다고 해요. 우리 옛시조 중에 매화를 노래한 작품이 적지 않지만, 〈매화사〉는 그 수준이 단연 으뜸이라고 할 만하지요. 안민영은 매화의 성질과 매화에 대한 애정을 8수의 작품 속에 아주 잘 그려냈어요.

당시에 녀던 길을
이황

당시에 녀던 길을 몇 해를 버려두고
어디 가 다니다가 이제야 돌아온고.
이제나 돌아오나니 딴 마음 말으리.

[요즘 글로 풀어 읽기]
그 때에 다니던 길을 몇 해나 버려두고
어디로 다니다가 이제야 돌아왔는가.
이제 돌아왔으니 다시는 다른 데 마음 두지 않으리.

✚ 지은이가 궁금해

이황(1501~1570)은 조선 중기의 문신이자 뛰어난 학자였어요. 경북 예안에서 태어났고, 호는 '퇴계'였지요. 그 밖에 '청량산인', '도옹' 등의 호를 쓰기도 했어요.

이황은 일찍이 도연명의 시를 좋아했으나, 철학자로서 더욱 탁월한 업적을 남겼어요. 그가 이룬 영남학파는 율곡 이이를 중심으로 한 기호학파와 더불어 조선시대 학문의 양대 산맥을 이루었지요. 이황의 학설은 일본에도 소개되어 큰 영향을 끼쳤어요. 훗날 그의 제자들은 스승의 학문과 덕을 기리는 뜻으로 도산서원을 세웠지요.

✛ 감상 길라잡이

누구나 일생을 살아가면서 꿈을 갖게 마련이에요. 어떤 사람은 그 꿈을 이루기 위해 평생 한 우물을 파고, 또 어떤 사람은 중간에 꿈이 바뀌어 다른 길을 찾기도 하지요.

그럼 조선시대의 위대한 학자 이황은 어땠을까요?

아마도 이황은 꿈을 이루어 가는 과정에 적지 않은 갈등을 겪었던 듯해요. 평범한 보통 사람들이 흔히 그러는 것처럼 말이에요. 〈당시에 녀던 길을〉에는 그와 같은 인간의 나약함과, 또한 그것을 극복하려는 의지가 잘 나타나 있어요.

〈당시에 녀던 길을〉의 초장을 보면, 이황은 자신이 뜻을 품었던 어떤 일을 몇 년 동안이나 소홀히 했던 것 같아요. 그 대신 여기저기 다른 곳을 헤맸고, 이런저런 다른 일을 기웃거렸지요.

하지만 이황은 적지 않은 시간이 흐른 뒤 한때 자신이 가졌던 꿈의 소중함을 새삼 깨닫게 되었어요. 그래서 다시 그 길을 걷기로 마음먹었지요. 두 번 다시 다른 데 마음을 빼앗기지 않으리라 다짐하면서 말이에요.

어쩌면 이황은 잠시 벼슬자리에 집착했을지 몰라요. 빠른 시일 내에 어떤 업적을 이루거나, 다른 사람들로부터 좋은 평가를 받고 싶어 안달했을 수도 있지요.

그러나 이황은 스스로 반성하며 순수한 마음으로 열심히 학문하던 열정을 되살려냈어요. 그랬기 때문에 그는 오늘날에도 세계적인 철학자로 인정받고 있는 것이지요.

✛ 한 걸음 더 - 〈도산십이곡〉

〈도산십이곡〉은 이황이 지은 12수의 연시조예요. 그의 나이 63세 무렵 학문에 열중하면서 얻은 깨달음과 주위 사물로부터 받은 감동을 읊은 것이지요.

흔히 〈도산십이곡〉은 앞의 6수를 뜻을 이야기한 '언지', 뒤의 6수를 학문을 이야기한 '언학'이라고 불러요. 다시 말해 앞의 6수는 이황 자신이 큰 뜻을 품고 세운 서당과 그 주변 경치에서 느껴지는 감흥을 노래한 것이지요. 뒤의 6수는 학문을 수양하면서 갖게 된 생각과 마음의 변화를 읊은 것이고요.

그러니까 한마디로 〈도산십이곡〉은 자연 속에서 계속 살고 싶은 소망과 기쁨, 그리고 학문 탐구에 대한 의지를 표현한 작품이에요.

이황은 〈도산십이곡〉에 '도산십이곡발'이라는 발문을 덧붙였어요. 발문이란, 본문 내용에 관한 대략적인 설명과 그 책을 펴내는 이유 등을 담아 책의 끝부분에 싣는 글을 일컫지요.

이황은 '도산십이곡발'에서 당시 우리나라 노래가 세상을 희롱하며 공손하지 않다고 비판했어요. 그래서 자신이 12수의 노래를 지어 세상에 내놓으니, 사람들이 마음에 새겨 노래하면 감동과 유익함을 얻을 것이라고 말했지요. 이황은 〈도산십이곡〉을 단순히 학자가 지은 딱딱한 글이 아니라, 많은 사람들이 풍류로서 즐기기를 바랐던 거예요.

✛ 한 걸음 더 - 서원

조선시대에는 '서원'이라는 곳이 있었어요. 서원은 선비들이 모여 학문을 연구하고 자신들의 생각을 토론하는 장소였지요.

아울러 그 곳에서는 존경받는 학자나 충신들의 제사를 지내기도 했어요. 당시 서원은 나랏일을 맡아볼 인재들을 양성하는 중요한 역할도 담당했지요.

1700년 무렵, 조선 전역에는 900개가 넘는 서원이 있었어요. 그 중 대표적인 것이라면 앞서 이야기한 도산서원과 율곡 이이의 학문과 인품을 기리기 위해 만든 자운서원, 송시열의 제사를 지낸 화양서원 등을 손꼽을 수 있어요.

그런데 서원이 긍정적인 역할만 했던 것은 아니에요. 조선 후기로 올수록 혈연, 지연, 학연을 바탕으로 자신들의 이익을 좇는 면을 보이기도 했거든요. 세금도 잘 내지 않았고요. 그런 까닭에 1864년 무렵 대원군은 전국에 47개의 서원만 남겨 두고 나머지는 모두 문을 닫도록 했어요.

동짓달 기나긴 밤을

황진이

동짓달 기나긴 밤을 한 허리를 버혀내여,
춘풍 니불 아래 서리서리 너헛다가,
어론 님 오신 날 밤이여든 구뷔구뷔 펴리라.

[요즘 글로 풀어 읽기]
동짓달 기나긴 밤을 한 허리를 베어내어,
봄바람처럼 따스한 이불 속에 서리서리 넣었다가,
정든 임이 오시는 날 밤 굽이굽이 펴리라.

✛ 지은이가 궁금해

황진이(?~?)는 조선시대의 이름난 기생이에요. 용모가 빼어났을 뿐만 아니라 다양한 예술적 재능을 지녀 일찍이 조선 팔도에 이름을 떨쳤지요. 그녀가 남긴 훌륭한 시조들은 여느 선비들의 작품 못지않게 오늘날까지 애송되고 있어요.

당시 사람들은 대학자 서경덕과 아름다운 경치를 자랑하는 박연폭포, 그리고 황진이를 '송도삼절'이라고 불렀어요. 송도

69

는 지금의 개성시를 일컫는 말인데, 황진이가 그 곳의 3대 명물이었다는 의미지요. 비록 신분은 기녀였지만 그녀의 재주가 그만큼 남달랐다는 말이에요.

✦ 감상 길라잡이

〈동짓달 기나긴 밤을〉은 황진이가 남긴 여러 시조들 중에서도 가장 잘 알려진 작품이에요. 이것은 500년도 더 된 옛시조지만, 지금 읽어도 감탄을 자아낼 만큼 수준이 높지요.

여느 때보다 밤이 긴 동짓달, 그 시절 황진이는 사랑하는 임과 떨어져 지냈어요. 날이 갈수록 임이 그리워 기나긴 겨울밤에 외로움이 더해 갔지요.

황진이는 임 없이 홀로 지내는 시간이 안타까웠어요. 나아가 그 시간이 아깝기까지 했지요. 그래서 동짓달 기나긴 밤을 싹둑 잘라내어 봄바람처럼 따뜻한 이불 속에 넣어두었다가 사랑하는 임이 오시는 날 다시 펼치고 싶었어요.

어때요, 참 놀랍지 않나요? 시간을 잘라내다니요. 게다가 그 시간을 이불 속에 넣어두고, 임이 오시면 무슨 물건처럼 꺼내 놓겠다니요.

황진이에게 임이 없는 겨울밤은 지루하기 짝이 없었어요. 임과 함께하는 시간은 항상 눈 깜짝 할 새 흘러가 버리는데 말이에요. 그러니 홀로 지내느라 길고 외로운 시간을 싹둑 잘

라내 보관해 두었다가 임이 오시는 날 다시 펼칠 수 있다면 얼마나 좋을까요?

이 작품 속에서 황진이는 간절히 임을 기다리고 있어요. 그녀 곁에 임이 없는 날들은 추운 겨울밤이지만, 언젠가 임이 돌아오면 따뜻한 봄날이 되는 것이지요. 황진이는 정든 임이 돌아올 날을 손꼽아 기다리며 좀처럼 날이 새지 않는 긴 겨울밤을 견뎌냈어요.

✚ 한 걸음 더 - 기생

기생이란, 춤과 노래로 연회나 술자리의 흥을 돋우는 여자들을 일컫던 말이에요. 기생의 유래는 신라 진흥왕 때부터 있어 왔다는 설과 고려시대에 생겨났다는 설이 있지요.

그 후 기생 제도는 조선시대 들어 자리를 굳혔어요. 당시 기생은 천민 취급을 받았지만, 글을 짓고 그림을 그리는 데 뛰어난 재주를 가져 교양인으로 대접받는 경우도 흔했지요. 황진이와 매창 등이 바로 그런 기생들이었어요. 아울러 논개처럼 나라를 위해 목숨을 던질 만큼 의협심이 남달랐던 기생들도 적지 않았지요.

기생은 관청에 소속되어 있기도 했고 백성들이 운영하는 술집에서 일하기도 했어요. 특히 관청에 속한 관기들은 글과 그림을 배우고 가야금 같은 악기를 익혀 양반들과 어울리는

데 부족함이 없을 정도였지요. 조선시대에는 기생들의 교육을 담당하는 기생청이 설립되기도 했어요.

그런데 기생 제도는 부작용이 많았어요. 일부 양반들은 기생에게 마음을 빼앗겨 학문을 소홀히 하고 재산을 탕진했지요. 요즘 시각으로 보면 여성을 상품화했다는 비난도 피할 수 없고요.

그래서 조선 제11대 임금 중종은 연회를 벌일 때 기생을 부르는 것을 금지했어요. 만약 그와 같은 명을 어기면 신분을 따지지 않고 엄벌을 내리겠다고 했지요. 그럼에도 기생 제도는 조선시대 내내 사라지지 않았어요.

✛ 한 걸음 더 – 스스로 보내놓고 후회하는 마음

황진이의 시조는 주로 사랑의 감정을 노래하고 있어요. 멀리 있는 임을 그리워하거나, 이별을 아쉬워하거나, 임을 향한 자신의 애절한 마음을 은근히 드러내는 작품들이지요.

그럼 황진이 스스로 임과 작별한 뒤 후회하는 심정을 이야기한 시조를 감상해볼까요?

어져 내 일이야 그릴 줄을 모르다냐.
이시랴 하더면 가랴마는 제 구태여
보내고 그리는 정은 나도 몰라 하노라.

[풀이]
아, 내가 저지른 일이여! 그리울 줄 몰랐던가?
있으라 했으면 임이 굳이 떠났겠느냐만
보내놓고 그리워하는 마음 나도 알 수 없구나.

동창이 밝았느냐

남구만

동창이 밝았느냐 노고지리 우지진다.

소치는 아이는 상기 아니 일었느냐.

재 너머 사래 긴 밭을 언제 갈려 하나니.

[요즘 글로 풀어 읽기]

동쪽 창이 밝았느냐? 종다리가 지저귀는구나.

소를 먹이는 아이는 아직도 잠자리에서 일어나지 않았느냐?

고개 너머에 있는 이랑이 긴 밭을 언제 다 갈려고 하는가.

✛ 지은이가 궁금해

남구만(1629~1711)은 조선 후기의 문신이었어요. '약천'이란 호가 잘 알려져 있지요. 27세에 과거에 급제한 뒤 우의정, 좌의정, 영의정을 차례로 거쳤어요.

남구만은 붕당정치가 한창일 때 대학자로서 소론을 이끌었어요. 그 바람에 반대파가 권력을 잡은 시기에는 강릉으로 유배되기도 했지요. 평소 글을 잘 짓고 잘 썼으며, 그림에도 소질이 있었어요. 문집으로 『약천집』이 있지요.

✚ 감상 길라잡이

〈동창이 밝았느냐〉는 근면한 생활을 강조한 작품이에요. 농촌 생활을 배경으로 하고 있지만, 모든 사람들의 일상생활에 본보기가 될 만한 내용이지요.

이 시조에는 농삿일을 하는 아이가 등장해요. 아이는 소를 부려 고개 너머에 있는 넓은 밭을 갈아야 하지요. 그러려면 아침 일찍 일어나 소에게 여물을 주어야 해요. 사람이나 소나 배가 불러야 힘차게 일할 수 있으니까요.

그런데 종다리가 지저귀는데도 아이의 방에서는 아무런 인기척이 들리지 않나 봐요. 새들의 울음소리가 들린다는 것은 이미 날이 밝았다는 뜻이지요. 굳이 눈을 떠 확인하지 않아도 동쪽 창이 환하게 밝았을 것은 틀림없어요.

대부분의 일이 그렇지만, 특히 농삿일은 해가 뜨자마자 부지런히 몸을 움직여야 해요. 원체 손이 많이 가는데다 대부분 야외에서 하는 일이라 해가 지고 나면 일손을 멈춰야 하기 때문이지요. 그러니 날이 밝도록 잠자리에서 꾸물거리는 것은 있을 수 없는 일이에요. 그렇게 게으름을 피워서 이랑이 긴 넓은 밭을 어느 세월에 다 갈겠어요.

이 시조에 등장하는 아이는 양반집에서 일하는 어린 머슴일 수 있어요. 아니면 어느 농부의 아들일지 모르지요. 어느 경우든 어린아이가 아침 일찍부터 힘든 농삿일을 해야 한다니, 오늘날의 우리나라와는 다른 조선시대의 생활상을 엿볼 수도 있어요.

한마디로 〈동창이 밝았느냐〉의 주제는 무엇을 하든 부지런히 노력하라는 거예요. 그래야만 해가 지기 전에 넓은 밭을 갈 수 있고, 마음속에 품은 꿈을 이룰 수도 있지요.

+ 한 걸음 더 – 〈동창이 밝았느냐〉 다르게 읽기

흔히 〈동창이 밝았느냐〉 같은 작품을 '권농가'라고 해요. 권농가란 농사짓는 일에 관련된 노래 등을 통틀어 일컫는 말이지요. 소를 먹이고 밭을 갈고 하는 것은 두말 할 필요 없이 모두 중요한 농삿일이에요.

그런데 어떤 학자들은 〈동창이 밝았느냐〉를 전혀 다르게 해석하기도 해요. 그냥 겉으로 드러난 뜻을 헤아리는 권농가가 아니라, 심오한 정치적 의미가 담겨 있다는 주장이지요.

이를테면 작품 속 '동창'이 당시 임금이었던 숙종을 이야기한다는 거예요. '노고지리'는 조정의 신하들이고, '우지진다'는 그 신하들이 임금 앞에서 새가 떠들 듯 온갖 소리를 시끄럽게 늘어놓는다는 것이지요. 나아가 '소'는 백성이며, '아이'

는 고을에서 백성을 다스리는 벼슬아치라고 해요.

그럼 '아니 일었느냐'에는 어떤 뜻이 숨겨져 있을까요? 그것은 나라를 위해 옳은 일을 하기는커녕 바닥에 납작 엎드려 자신의 부귀영화만을 좇는 관리들의 비겁한 자세를 비꼬는 거예요. 아울러 '언제 갈려 하나니'에는 조선의 미래에 대한 염려가 깃들어 있지요.

어때요, 어린이 여러분이 생각하기에도 일리 있는 해석인가요?

그렇듯 시조는 평범한 이야기 속에 인생과 세상에 대한 깊은 성찰을 담고 있는 경우가 많아요. 어느 쪽으로 이해하든 〈동창이 밝았느냐〉는 작품을 읽는 사람들에게 특별한 깨우침을 전하고 있지요.

뒷뫼에 뭉킨 구름

정훈

뒷뫼에 뭉킨 구름 앞들에 퍼지거다.
바람 불지 비 올지 눈이 올지 서리 칠지
우리는 뜻 모르니 아무럴 줄 모르노라.

[요즘 글로 풀어 읽기]
뒷산에 뭉친 구름이 앞들까지 퍼져 왔다.
바람이 불지 비가 쏟아질지 눈이 내릴지 서리가 칠지
우리는 그 뜻을 알지 못하니 아무것도 할 수 없다.

✛ 지은이가 궁금해

정훈(1563~1640)은 조선 중기의 시인이었어요. 이름난 양반 가문의 후손이었으나 독학으로 공부하며 관직에도 나가지 않았지요. 재물 역시 욕심이 없어 평생 동안 고향 마을에서 청렴한 생활을 했어요.

그럼에도 정훈의 애국심과 임금에 대한 충성심은 어느 벼슬아치 못지않았어요. 이괄의 난을 막으려고 군사를 모집했고, 정묘호란과 병자호란 때는 두 아들을 참전시켰지요.

+ 감상 길라잡이

우리나라에서 붕당정치가 한창일 때 '북인'이라는 당파가 있었어요. 그들은 다시 광해군을 지지하는 '대북파'와 영창대군을 지지하는 '소북파'로 나뉘었지요.

그런데 광해군이 임금이 되자, 대북파는 본격적으로 소북파를 견제했어요. 영창대군을 임금의 자리에 앉히기 위해 소북파가 반역을 모의했다고 몰아붙인 거예요.

그 결과 당시 소북파를 이끌던 영의정 유영경이 죽임을 당하는 등 숱한 신하들이 관직에서 물러났어요. 나아가 영창대군도 강화도에 유배되었다가 죽었고, 영창대군의 어머니인 인목대비도 온갖 수모를 겪어야 했지요. 대북파가 소북파를 물리치기 위해 일으킨 그 사건들을 '계축옥사' 또는 '계축화옥'이라고 해요.

〈뒷뫼에 뭉킨 구름〉은 바로 그 무렵에 씌어진 작품이에요. 정훈은 벼슬도 없이 조용히 고향 마을에서 지냈지만 혼란스럽기 짝이 없는 나라가 몹시 걱정되었지요. 그래서 심각한 기상 변화를 눈앞에 둔 상황에 빗대어 현실을 비판했던 거예요.

이 작품을 살펴보면, 뒷산에 험하게 일었던 구름이 어느새 앞들에까지 몰려와 있어요. 금방이라도 한바탕 난리가 일어날 것 같은 상황이지요.

그런데 그 구름이 비구름인지 눈구름인지, 아니면 폭풍이나 서리를 휘몰아칠지 알 수 없어요. 한 치 앞마저 예측 불가능한 것이지요. 그러니 안타까운 마음을 가질 뿐, 어떻게 해결해야 좋을지 모르는 캄캄한 현실인 거예요.

〈뒷뫼에 뭉킨 구름〉은 옛시조 중 흔치 않게 제목이 따로 있어요. '탄북인작변가'가 그것이지요. 그 말은 '북인이 정변을 일으킨 것을 탄식하는 노래'라는 뜻이에요. 제목만 보아도 정훈이 당시 시대 상황을 얼마나 걱정스러워했는지 짐작할 수 있지요.

✛ 한 걸음 더 - 별궁을 만든 광해군

조선시대 왕족 중 정원군이라고 불리던 사람이 있었어요. 그는 선조의 다섯째 아들이자, 훗날 인조가 된 능양군의 아버지였지요.

어느 날, 조선의 제15대 임금 광해군은 정원군에 관한 소문을 듣게 되었어요. 그의 집터에 왕의 기운이 서려 있다는 말이었지요.

여러 가지 업적을 세우기도 했지만 성품이 난폭했던 광해군은 그 소문에 기분이 몹시 나빴어요. 그렇지 않아도 임금이 되는 과정이 순탄치 않았던 광해군은 불안한 생각이 들기도 했지요. 그래서 가까운 사람들과 의논한 끝에 정원군의 집터를 빼앗아 별궁을 지으라는 충고를 들었어요. 풍수지리에 따르면, 그렇게 해야 왕의 기운을 억누를 수 있다는 것이었지요.

광해군은 그 충고를 당장 실천에 옮겼어요. 1616년, 그렇게 만들어진 별궁이 경덕궁이에요. 경덕궁은 그 후 100여 년이 지난 영조 때 경희궁으로 이름이 바뀌었지요.

그런데 결과적으로 그와 같은 노력은 수포로 돌아갔어요. 광해군의 폭력적인 정치에 위기를 느낀 신하들이 그를 왕위에서 내려오게 했거든요.

그 뒤 신하들은 광해군 대신 정원군의 아들 능양군을 임금으로 삼았어요. 능양군이 인조가 된 까닭에, 그 일을 일컬어 '인조반정'이라고 하지요. 인조반정으로 왕위에서 물러나게 된 광해군은 곧 강화도에 유배되었다가 제주도로 옮겨졌어요.

광해군의 욕심과 불안감 때문에 만들어진 경희궁. 그런 경희궁도 여느 궁궐들과 마찬가지로 세월이 흐르면서 이런저런 참담한 일을 겪었어요. 그 첫 번째 수난은 화재였지요. 경희궁은 순조 때 대부분 불탔다가 새로 건축되었어요.

그 다음 일제강점기 때는 중심 건물인 숭정전이 지금의 동국대학교 자리로 옮겨졌어요. 정문인 흥화문과 정자인 황학 정도 다른 곳으로 뿔뿔이 흩어졌고요. 얼마 전부터 일부 복원이 이루어지고는 있지만, 경희궁은 여전히 옛 모습을 되찾지 못해 궁궐터만 남아 있는 셈이에요.

✚ 한 걸음 더 - 이괄의 난

이괄은 인조가 임금이 되는 데 큰 공을 세웠어요. 그럼에도 자신의 기대보다 낮은 벼슬자리를 받게 되어 불만이 컸지요.

결국 참다못한 이괄은 반란군을 일으켜 선조의 열 번째 아들 흥안군을 새로 임금의 자리에 앉히려고 했어요. 하지만 반란은 실패로 돌아갔고, 그는 부하의 손에 목숨을 잃었지요.

묏버들 가려 꺾어

홍랑

묏버들 가려 꺾어 보내노라 님의 손대
자시는 창 밖에 심어 두고 보소서.
밤비에 새 닙 곳 나거든 날인가도 여기소서.

[요즘 글로 풀어 읽기]
산버들 골라 꺾어 보냅니다, 임에게로
주무시는 창 밖에 심어 두고 보소서.
밤비에 새 잎 돋거든 나를 본 듯 여기소서.

✦ 지은이가 궁금해

홍랑(?~?)은 조선 선조 때의 기생이었어요. 당시 이름난 문장가였던 최경창과 애절한 사랑을 나눈 것으로 유명하지요. 두 사람은 아이까지 낳은 것으로 알려져 있어요.

홍랑은 임진왜란 중에도 최경창이 지은 글들을 목숨만큼 소중히 간직했어요. 그리고 그녀는 죽어서도 최경창의 무덤 아래에 묻히기를 바랐지요. 신분을 뛰어넘은 두 사람의 사랑에는 숱한 장애물이 놓여 있었지만, 그 무엇도 영영 그들 사이를 가로막지는 못했어요.

✛ 감상 길라잡이

선조 6년, 최경창은 새로운 관직을 맡아 함경도 경성으로 갔어요. 그런데 그는 뜻밖에 그 곳에서 운명적인 사랑을 만났지요. 상대는 기생 홍랑이었어요.

두 사람의 사랑은 여느 양반과 기생 사이처럼 잠시 불타올랐다가 이내 사그라지는 불장난이 아니었어요. 두 사람은 서로를 진심으로 아끼고 존경했지요.

그러나 최경창과 홍랑은 엄연히 신분이 달랐어요. 유교 문화가 지배하던 조선시대에 두 사람의 사랑은 결코 축복받을 수 없었지요. 때마침 왕실에서는 명종의 비였던 인순왕후의 국상이 치러져 그들은 더욱 심한 비난을 받았어요.

게다가 이듬해, 최경창은 다른 관직을 받아 함경도 경성을 떠나게 되었어요. 홍랑은 눈물로 사랑하는 사람을 배웅하며 〈묏버들 가려 꺾어〉를 지었지요.

이 작품에서 홍랑은 멀리 떠나는 임에게 간절한 정을 표현하려고 산버들을 보냈어요. 최경창이 그것을 창 밖에 심어 두고 가까이 하기를 바랐지요. 그리고 비가 와서 새 잎이 돋거든 자기인 줄 알아달라고 말했어요.

그러니까 이 작품에서 산버들은 홍랑 자신의 분신인 셈이에요. 연약한 산버들 가지는 홍랑의 처지와 닮았고, 거기에 돋는 새 잎은 임을 그리워하는 홍랑의 마음이지요.

두 사람이 안타까운 이별을 하고 3년이 지난 어느 날, 최경창은 병에 걸려 몸져눕게 되었어요. 그 소식을 들은 홍랑은 모든 일을 뒤로한 채 한양으로 달려왔지요. 꼬박 7일 동안 험한 길을 걸어서 말이에요.

그 후 홍랑은 최경창의 병이 낫고 나서야 함경도로 돌아갔어요. 그 일이 알려져 최경창은 벼슬을 잃게 되었지만, 두 사람의 깊은 사랑은 변함이 없었지요.

✛ 한 걸음 더 - 『고죽집』

오늘날 우리가 최경창의 작품들을 볼 수 있는 것은 홍랑 덕분이에요. 그녀는 임진왜란이 일어나자 가장 먼저 9년 전에 세상을 떠난 최경창의 작품들을 챙겼어요. 자칫 목숨을 잃을 수 있는 위험한 상황에서도 홍랑의 사랑은 한결같았지요.

그 후 최경창의 작품들은 『고죽집』이라는 문집으로 묶였어요. '고죽'은 최경창의 호지요. 홍랑이 전쟁의 불길 속에서도 소중히 간직한 원고를 최경창의 증손자가 자신의 글을 덧붙여 책으로 간행한 거예요.

『고죽집』에는 최경창의 작품이 245수 실려 있어요. 증손자

최석영의 작품은 69수고요. 그리고 조선시대 대학자였던 송시열과 남구만이 발문을 썼어요.

✛ 한 걸음 더 – 임진왜란

1592년, 우리나라는 200년째 조선시대가 이어져 오고 있었어요. 중국에는 명나라가 건국되어 있었고요.

그 때 일본을 통일한 도요토미 히데요시가 명나라를 공격하겠다며 조선에 협조를 요청했어요. 명나라로 가는 길을 열어 달라는 부탁이었지요.

하지만 조선은 명나라를 배신할 수 없었어요. 조선이 생각하기에 명나라는 모든 면에서 선진국이었고, 그와 비교해 일본은 왜구들이 득실거리는 별볼일없는 나라에 지나지 않았지요.

그러자 1592년, 도요토미는 20만 명의 군사를 이끌고 조선을 침략했어요. 조총까지 무장한 왜군은 20일 만에 한양을 점령했고, 60일 만에 함경도 지역까지 다다랐지요. 당파 싸움으로 혼란스러웠던 조선은 변변히 준비를 못해 잘 훈련된 왜군을 당해 내지 못했어요.

그러나 나라가 어려울 때일수록 영웅이 등장하는 법일까요?

바람 앞의 촛불 같은 운명이었던 조선에 이순신 장군이 승

전보를 전하기 시작했어요. 아울러 전국 각지에서 곽재우, 고경명, 조훈 등의 의병이 일어나 왜군을 물리치면서 조선은 위기를 극복했지요. 때마침 지원군을 보내 온 명나라 군대도 적지 않은 힘이 되었고요.

　그 결과 일본은 7년 동안의 침략 전쟁을 뒤로하고, 1598년 조선에서 물러났어요. 비로소 이 땅의 백성들을 힘들게 했던 '임진왜란'이 막을 내렸지요.

바람에 휘었노라 굽은 솔 웃지 마라.
춘풍에 피온 꽃이 매양에 고와시랴.
풍표표 설분분 할 제 네야 날을 부르리라.

[요즘 글로 풀어 읽기]
바람에 시달려 휘었으니 굽은 소나무라고 비웃지 마라.
봄바람에 핀 꽃이 늘 곱기만 하겠느냐.
회오리바람 불고 눈보라 칠 때 네가 나를 부러워하리라.

✛ 지은이가 궁금해

인평대군(1622~1658)은 조선 제16대 임금 인조의 셋째아들
이에요. 아울러 제17대 임금 효종의 동생이기도 하지요.

인평대군은 어린 시절부터 학문이 뛰어났으며, 글을 짓고
그림을 그리는 데도 소질이 있었어요. 성장한 후에는 외교에
도 능숙해 네 차례나 청나라에 사신으로 다녀오기도 했지요.
하지만 37세의 젊은 나이에 병을 얻어 세상을 떠나는 바람에

재능을 활짝 꽃피우지 못했어요.

✦ 감상 길라잡이

예로부터 소나무는 지조와 의리의 상징으로 여겨져 왔어요. 한겨울에도 초록빛을 잃지 않는 소나무는 대나무, 매화와 더불어 '세한삼우'라고 불렸지요. 이 말은 '추운 겨울의 세 벗'이라는 뜻으로, 선비들이 자주 이용하는 글과 그림 소재였어요.

그래서일까요? 지금도 우리나라 곳곳에 소나무가 심어져 있어요. 소나무는 여러 조사에서 우리나라 사람들이 가장 좋아하는 나무로 선정되기도 했지요.

그런데 〈바람에 휘었노라〉에 등장하는 소나무는 굽어 있어요. 지조와 의리에 어울리지 않는 모습이지요. 그 때문에 사람들로부터 비웃음을 사기도 하나 봐요.

하지만 인평대군은 그런 소나무를 변호하고 있어요. 오죽 바람이 거세게 불어댔으면 소나무가 휘었겠느냐는 것이지요. 어쩌면 인평대군은 이 구절을 적으며 병자호란 때 청나라 태종에게 머리를 조아릴 수밖에 없었던 아버지 인조 임금을 떠올렸을지 몰라요.

당시 참담한 조선의 처지와 달리 청나라는 봄바람에 피어난 꽃처럼 온갖 영화를 누렸을 거예요. 모두 그 모습에 찬사를 늘어놓았겠지요.

그럼 바람에 시달려 휘어진 소나무는 한없이 초라하기만 한 것일까요?

인평대군은 이 작품에서 봄꽃이 항상 곱기만 한 것은 아니라고 이야기하고 있어요. '화무십일홍'이라는 말처럼 머지않아 꽃은 지게 마련이지요.

그 대신 비록 휘어졌을지언정 소나무는 날씨가 나빠질수록 참된 가치를 드러낸다고 했어요. 회오리바람이 불고 눈보라가 칠 때 오히려 화려한 봄꽃을 피웠던 나무들이 부러워할 만큼 말이에요. 인평대군은 상처 받은 조선의 앞날도, 그리고 고난을 겪은 충성스런 신하들도 그런 소나무와 같기를 바랐지요.

✛ 한 걸음 더 - 소현세자 · 봉림대군 · 인평대군

인조 임금의 비 인열왕후는 4명의 왕자를 낳았어요. 소현세자, 봉림대군, 인평대군, 용성대군이 그들이지요.

병자호란이 조선의 패배로 끝난 뒤, 청나라는 왕자들 가운데 소현세자와 봉림대군을 인질로 끌고 갔어요. 장차 한 나라의 임금이 될 세자를 붙잡아 간 것에 대해 조선 백성들은 엄청난 모멸감을 느꼈지요. 〈바람에 휘었노라〉를 지은 인평대군은 형들을 생각하며 그리움과 분노의 눈물을 삼켰어요.

그 후 소현세자와 봉림대군은 9년 동안 중국에 머물렀어요. 한때 인평대군이 소현세자 대신 인질로 붙잡혀 있겠다고 청나라로 갔으나 뜻대로 되지 않았지요.

두 왕자의 중국 생활에는 이런저런 어려움이 뒤따랐어요. 하지만 그 무렵 중국에 들어오기 시작한 서양 문물을 공부하는 등 개방적인 국제 감각을 익히는 데 도움이 되기도 했지요. 소현세자는 고국으로 돌아와 훗날 임금이 되면 다른 나라들과 폭넓게 교류해 조선의 발전을 이루겠다고 마음먹었어요.

그런데 소현세자는 그 꿈을 이루지 못했어요. 왜냐하면 조선으로 돌아오고 나서 얼마 지나지 않아 병을 얻어 죽었기 때문이지요. 오늘날 많은 역사학자들은 소현세자의 뜻에 반대하는 사람들이 그를 독살했다고 주장하기도 해요.

결국 인조를 이어 임금의 자리에 오른 왕자는 효종으로 불리게 되는 봉림대군이었어요. 효종은 오랫동안 청나라에 대한 복수를 계획했지요. 그러나 청나라의 국력이 더욱 막강해져 그 계획을 실천에 옮기지는 못했어요.

✛ 한 걸음 더 - 화무십일홍

'화무십일홍'을 우리말로 풀어 읽으면, '열흘 붉은 꽃은 없다.'라는 뜻이에요. 중국 송나라 시인 양만리의 시에 나오는 구절이지요.

양만리는 평생 동안 무려 4천여 편의 시를 쓴 것으로 알려져 있어요. 그는 젊음이나 성공처럼 아무리 아름답고 화려한 것일지라도 때가 되면 모두 사그라진다는 진리를 꽃에 빗대어 이야기했지요.

반중 조홍 감이

반중 조홍 감이 고아도 보이나다.
유자가 아니라도 품음직도 하다마는
품어 가 반길 이 없을새 글로 설워하나이다.

[요즘 글로 풀어 읽기]
쟁반에 놓인 홍시가 곱게도 보입니다.
유자가 아니라도 품어 갈 마음 있지만
품어 가도 반가워할 분 안 계시니 그것을 서러워합니다.

✛ 지은이가 궁금해

박인로(1561~1642)는 조선 중기의 무신이었어요. 그럼에도 어려서부터 글을 짓는 데 뛰어난 재주를 발휘했지요. 그는 무과에 급제하기 전부터 임진왜란과 정유재란 등에 참전해 여러 차례 공을 세웠어요.

박인로는 훗날 관직에서 물러난 뒤 본격적으로 시조 창작에 몰두했어요. 그는 나라를 걱정하고 자연을 사랑하는 마음을 바탕으로 많은 걸작들을 남겼지요. 주요 작품으로 〈태평사〉, 〈사제곡〉, 〈누항사〉 등이 있어요. 문집으로는 『노계집』이 있고요.

✚ 감상 길라잡이

중국 삼국시대의 오나라에 '육적'이라는 사람이 살았어요. 그가 어렸을 적에 원술이라는 사람을 만나게 되었지요.

원술은 그에게 귤을 내주며 먹으라고 했어요. 그런데 육적은 먹는 둥 마는 둥 시늉만 하더니 원술이 잠시 자리를 비운 틈에 얼른 남은 귤들을 품 안에 감추었어요. 그의 이마에는 식은땀이 송골송골 맺혔지요.

잠시 뒤 육적은 집으로 돌아가려고 자리에서 일어났어요. 그리고 원술에게 작별 인사를 하려고 허리를 숙이는 순간 품 안에 있던 귤들이 와르르 쏟아졌지요.

원술이 깜짝 놀라며 물었어요.

"네게 준 귤들을 왜 먹지 않았지? 이런 행동은 손님으로서 예의가 아닌 줄 모르는가?"

그 물음에 육적은 몸 둘 바를 몰라 했어요. 그는 미안한 표정으로 나지막이 대답했지요.

"용서하세요, 어르신. 맛있는 귤을 보자마자 집에 계신 어머니가 생각나 이런 짓을 저질렀습니다."

그러자 원술은 어린 육적의 효심에 감동해 고개를 끄덕였어요.

그 후 여기서 유래한 '육적회귤'이라는 표현은 부모님에 대한 지극한 효성을 의미하는 말로 널리 쓰이게 되었어요. 이 이야기는 중국의 효자 24명의 언행을 담은 『이십사효』에 실려 전하고 있지요.

박인로의 시조 〈반중 조홍 감이〉는 육적회귤 이야기를 알아야 이해하기 쉬워요. 어느 집 주인이 쟁반에 담아 내온 홍시를 품어 가고 싶은 마음은 그 옛날 육적의 효심과 다르지 않지요.

하지만 박인로의 어머니는 이미 돌아가셨어요. 그러니 자기가 홍시를 품고 간들 반가워할 사람이 없지요. 박인로는 그런 처지가 못내 서러워 이 시조를 지었어요.

✛ 한 걸음 더 - 『노계집』

많은 학자들이 송강 정철, 고산 윤선도와 더불어 노계 박인로를 조선시대 3대 문장가로 손꼽아요. 박인로는 시조뿐만 아니라 시조와 산문의 중간 형태인 가사, 그리고 한시도 잘 지었지요.

박인로의 작품을 모은 『노계집』은 정조 24년에 처음 간행되었으며, 모두 3권으로 구성되어 있어요. 앞서 '지은이가 궁금해'에서 그의 대표작으로 설명한 〈태평사〉, 〈사제곡〉, 〈누항사〉를 비롯해 〈노계가〉, 〈도산가〉 등의 작품이 실려 있지요.

특히 『노계집』 세 번째 권에서는 7편의 가사와 60여 편의 시조를 볼 수 있어요. 그렇듯 『노계집』은 뛰어난 수준과 더불어 다양한 작품을 감상할 수 있는 우리나라 문학사의 아주 중요한 자료지요.

백설이 잦아진 골에

이색

백설이 잦아진 골에 구름이 머흘레라.
반가온 매화는 어느 곳에 피었는고.
석양에 홀로 서 있어 갈 곳 몰라 하노라.

[요즘 글로 풀어 읽기]
흰 눈이 녹은 골짜기에 구름이 험하구나.
반가운 매화는 어느 곳에 피었을까?
석양에 홀로 서서 어디로 가야 할지 모르겠구나.

+ 지은이가 궁금해

이색(1328~1396)은 고려 말의 문신이었어요. 호는 '목은'이
지요. 흔히 정몽주, 길재와 더불어 '삼은'이라고 불렸어요.

이색은 어려서부터 총명해 14세에 일찌감치 과거를 보아
진사가 되었어요. 그 후 성리학을 연구하며 공민왕을 도와 개
혁 정치에 적극 참여했지요. 그는 위화도 회군으로 시작된 조
선 건국에 끝까지 반대해, 태조 이성계가 내린 벼슬을 거부하

기도 했어요.

✤ 감상 길라잡이

이 작품에는 자연에서 길을 잃고 당혹스러워하는 사람의 모습이 그려져 있어요. 하지만 많은 옛시조들이 그렇듯 그 안에는 다른 뜻이 담겨 있지요. 실은 고려 말의 현실에 대한 비판과 안타까움을 이야기하는 거예요.

〈백설이 잦아진 골에〉를 이해하려면 먼저 몇 가지 단어가 지닌 의미를 헤아려야 돼요. 다름 아닌 '백설', '구름', '매화', '석양'이 이 작품의 핵심 단어들이지요.

우선 백설은 고려 왕조의 번창했던 시절을 상징해요. 아울러 고려 왕조에 변함없이 충성을 다했던 신하들을 일컫기도 하지요.

그와 달리 구름은 고려 왕조에 몰아닥친 어두운 기운을 상징해요. 더불어 조선 건국을 위해 고려 왕조를 배신한 신하들을 일컫기도 하고요.

그리고 매화는 망해 가는 고려 왕조를 다시 일으켜 세울 구세주를 뜻해요. 석양은 역시 쇠락한 고려 왕조의 운명을 말하지요.

그러니까 〈백설이 잦아진 골에〉는 멸망해 가는 고려의 처지를 한탄하며, 혹시 어딘가에 있을지 모르는 구원의 인물을 찾는 내용이에요. 하지만 현실은 긍정적이지 못하지요. 고려의 몰락은 피할 수 없는 운명이고, 지은이는 그 역사의 현장에서 안타까운 마음을 감추지 못하고 있어요.

✤ 한 걸음 더 - 삼은

앞서 이색이 정몽주, 길재와 함께 '삼은'으로 불렸다고 설명했어요. 그들에게 삼은이라는 별명이 붙여진 까닭은 세 사람 모두 호에 '숨을 은(隱)' 자가 들어 있기 때문이에요. 정몽주의 호는 '포은', 길재의 호는 '야은'이었어요. 이미 말했듯 이색은 '목은'이었고요.

삼은으로 불린 세 사람은 망해 가는 고려 왕조의 운명에 맞서 충성을 다했어요. 그리고 고려 말 중국에서 들어온 성리학을 연구해 그 기초를 닦았지요. 성리학은 유교의 여러 학파 중 하나로 도덕의 실천과 학문을 통한 인격 수양 등을 강조했어요.

주자학이라고도 하는 성리학은 훗날 조선이 건국되자 나라를 다스리는 이념으로 자리잡았어요. 삼은의 뒤를 이어 이색의 제자들인 권근과 김종직, 그리고 이이와 이황이 조선 성리학을 크게 발전시켰지요.

✤ 한 걸음 더 - 국자감

목은 이색은 일찍이 14세에 진사가 되었어요. 그 후 21세에 '국자감' 생원이 되었고요. 그 의미를 제대로 알려면 고려와 조선의 교육 제도를 살펴봐야 하지요.

국자감은 고려시대 최고의 교육 기관이었어요. 오늘날의 대학 같은 국자감은 국학, 성균감, 성균관으로 이름이 바뀌어 조선시대까지 이어졌지요.

성균관은 과거 제도가 폐지된 1894년까지 우리나라 교육의 중심이었어요. 전국 곳곳에 세워진 향교와 함께 유교 교육을 바탕으로 한 인재 양성을 책임졌지요.

그런 만큼 당시 국자감이나 성균관에 입학하기는 쉽지 않았어요. 대개 초급 과거 시험인 생원시와 진사시에 합격한 사람이라야 입학 자격이 주어졌지요.

고려시대와 조선시대 최고 교육 기관의 정원은 150~200명밖에 되지 않았어요. 게다가 입학한 뒤에도 학업과 생활 태도가 나쁘면 상급 과거 시험에 응시할 수 있는 자격조차 주지 않았지요.

그런데 이색이 공부한 국자감은 우리나라에 있는 것이 아니었어요. 이색은 아버지 이곡을 따라 원나라에 갔다가 그 곳 국자감에 입학했지요. 그 뒤 공부를 마치고 고려에 돌아와 과거 시험에 장원급제했어요.

벼슬을 저마다 하면   김창업

벼슬을 저마다 하면 농부 할 이 뉘 있으며,
의원이 병 고치면 북망산이 저러 하랴.
아이야, 잔 가득 부어라 내 뜻대로 하리라.

[요즘 글로 풀어 읽기]

모두가 벼슬을 하면 농사는 누가 지으며,
의사가 병을 다 고치면 저승 가는 사람이 저렇게 많겠느냐.
아이야, 술잔을 채워라. 내 마음 편한 대로 살아가리라.

✛ 지은이가 궁금해

김창업(1658~1721)은 조선 후기의 문인이자 화가였어요. 시조를 잘 지었고, 산수화와 인물화를 그리는 솜씨도 훌륭했지요. 그러나 벼슬에는 뜻이 없어 관직에 나가지 않은 채 평생 자연 생활을 즐겼어요.

1712년, 김창업은 청나라에 사신으로 가게 된 형을 따라 중국 연경에 다녀왔어요. 그리고 『노가재연행일기』라는 기행문을 남겼지요. 한편 김창업의 형 김창집은 동생과 달리 영의정에 오를 만큼 출세했지만 사약을 마시고 비극적인 죽음을 맞았어요.

✚ 감상 길라잡이

옛날이나 지금이나 대부분의 사람들이 사회적 성공을 꿈꿔요. 남들보다 좀더 높은 지위에 오르려 하고, 돈도 넘치도록 벌고 싶어 하지요.

하지만 누구나 그런 결실을 거두는 것은 아니에요. 자신의 욕망을 이루는 사람보다 실패하는 사람이 훨씬 많게 마련이지요. 또 어느 정도 성공한다고 해도 자기보다 더 성공한 사람을 보면 질투심을 갖기 십상이에요.

조선시대를 살았던 김창업은 일찍이 그와 같은 인간의 어리석음을 깨달았어요. 그래서 〈벼슬을 저마다 하면〉이라는 시조를 쓰게 되었지요.

김창업은 이 작품 초장에서 모두 벼슬을 좇으면 농사는 누가 짓느냐고 묻고 있어요. 비록 벼슬자리만큼 화려하지는 않지만, 농사는 인간 생활에 꼭 필요한 일이지요. 임금이나 영의정이라도 밥을 먹지 않고 살 수는 없는 법이니까요.

그러므로 김창업의 주장은 세상 모든 일이 다 그만한 가치가 있다는 거예요. 아울러 사람마다 제 갈 길이 따로 있다는 것이지요. 다시 말해 자신의 처지를 헤아리고 꿋꿋이 제 뜻대로 살아가는 편이 바람직하다는 말이에요.

김창업은 〈벼슬을 저마다 하면〉 종장에서 그와 같은 주장을 거듭 강조했어요. 자신부터 벼슬을 멀리한 채 자연에 묻혀 마음 편히 살아가겠다고 다짐하고 있지요. 김창업이 그런 생각을 갖게 된 데는 높은 벼슬을 한 형의 안타까운 죽음도 적지 않은 영향을 끼쳤어요.

✛ 한 걸음 더 - 『노가재연행일기』와 『노가재집』

김창업의 중국 연경 기행문 『노가재연행일기』에서 '노가재'는 그의 호입니다. 그리고 '연행'이란 사신이 중국 북경에 가던 것을 일컫지요. 옛날에는 북경을 '연경'이라고 했답니다.

당시 김창업은 중국에 다녀오는 데 왕복 146일이 걸렸어요. 거리로 따지자면 2,000킬로미터가 넘는 기나긴 여정이었지요. 그는 그 길에서 보고 듣고 느낀 바를 여행기와 402편의 운문으로 기록했어요.

오늘날 『노가재연행일기』는 청나라 문화 연구에 소중한 자료로 평가받고 있어요. 그 내용을 살펴보면 오래 전 청나라 백성들의 이런저런 생활 모습을 짐작할 수 있지요.

또한 김창업은 『노가재연행일기』 곳곳에서 조선의 문화적 우수성을 이야기했어요. 그것은 청나라라는 대국 앞에서도 조선에 대한 자부심을 잃지 않았기에 가능한 일이었지요.

한편 『노가재집』은 김창업의 문집이에요. 모두 400여 수의 시조가 기록되어 있어요. 대략 1820년쯤에 만들어진 것으로 추정하고 있지요.

사람 사람마다

사람 사람마다 이 말씀 들어스라.

이 말씀 아니면 사람이요 사람 아니니

이 말씀 잊지 말고 배우고야 말으리이다.

[요즘 글로 풀어 읽기]

사람 사람마다 모두 이 말씀 들으시오.

이 말씀 새기지 않으면 사람이라도 참된 사람 아니니

이 말씀 잊지 않고 꼭 배우고야 말겠습니다.

✚ 지은이가 궁금해

주세붕(1495~1554)은 조선 중기의 문신이었어요. 고려시대 유교 학자로 우리나라 성리학의 시조로 불리는 안향의 사당을 세웠으며, 최초의 서원인 백운동서원도 건립했지요.

그는 경상북도 풍기 군수와 도승지, 호조참판 등의 벼슬을 지냈어요. 성품이 강직하고 청렴해 청백리로 불렸지요. 지은 책으로 『무릉잡고』가 있으며, 백운동서원에 대한 모든 것을 기록한『죽계지』를 펴내기도 했어요.

✛ 감상 길라잡이

주세붕은 전체 6수로 이루어진 〈오륜가〉라는 작품을 썼어요. 〈사람 사람마다〉는 그 가운데 첫째 수로 뒤이어 이야기하는 교훈들을 명심하라는 당부를 담고 있지요.

주세붕은 백성들에게 유교의 가르침을 전하기 위해 〈오륜가〉를 지었어요. 여기서 '오륜'이란, 유교에서 말하는 사람이 지켜야 할 다섯 가지 도리를 일컫지요. 그것은 다름 아닌 '부자유친', '군신유의', '부부유별', '장유유서', '붕우유신'이에요.

그 중 부자유친은 부모와 자식 사이의 도리를 말하는 것으로, 부모는 자식에게 자애롭고 자식은 부모에게 존경과 섬김을 다하라는 뜻이에요. 군신유의는 임금과 신하 사이의 도리가 의리에 있음을 말하는 것이고요.

아울러 부부유별은 남편과 아내 사이에 서로 침범하지 못할 분별이 있다는 뜻이고, 장유유서는 어른과 아이 사이에 엄격한 질서가 필요하다는 거예요. 붕우유신은 친구 사이에 반드시 믿음이 있어야 한다는 말이고요.

주세붕의 〈오륜가〉는 두 번째 수부터 그와 같은 오륜의 내용을 하나씩 이야기하고 있어요. 다만 붕우유신 대신 형제간의 우애와 화목을 강조했다는 점이 다를 뿐이지요.

그러나 지나치게 도덕적이고 교훈적인 글은 감동이 덜한 법. 주세붕의 〈오륜가〉역시 남다른 의미는 있지만, 그다지 여운이 남지는 않는 작품이에요.

✚ 한 걸음 더 – 삼강오륜

'오륜'은 인간이 기본적으로 실천해야 하는 5가지 덕목이에요. 그런데 유교에서는 오륜에 앞서 3가지 강령, 그러니까 그 근본이 되는 '삼강'을 이야기하고 있지요.

삼강이란 '군위신강', '부위자강', '부위부강'이에요. 그것은 임금과 신하, 부모와 자식, 남편과 아내 사이에 반드시 지켜야 하는 도리가 있다는 뜻이지요. 흔히 삼강과 오륜을 함께 일컬어 '삼강오륜'이라고 해요.

삼강오륜은 오랫동안 우리나라에서 인간이라면 마땅히 지켜야 할 기본적인 도덕으로 여겨져 왔어요. 물론 오늘날에도 우리의 생각과 마음속에 깊숙이 뿌리내려 있지요.

✚ 한 걸음 더 – 백운동서원 또는 소수서원

백운동서원은 지금의 경상북도 영주시 순흥면에 위치해 있어요. 중종 임금 때인 1543년에 만들어졌지요.

주세붕은 풍기 군수로 일할 때 백운동서원을 세웠어요. 하지만 처음에는 선비들로부터 큰 관심을 끌지 못했지요.

백운동서원이 유명해진 것은 명종 임금 때 퇴계 이황이 건의해 '소수서원'이라는 사액을 받고 난 뒤였어요. 사액은 임금이 사당이나 서원의 이름을 지어 널빤지 등에 새긴 다음 하사하는 것을 말하지요.

그렇게 공인된 교육 기관이 된 우리나라 최초의 백운동서원, 즉 소수서원은 유교를 널리 알리고 발전시키는 데 큰 역할을 했어요. 그 뒤를 이어 전국 곳곳에 잇따라 서원들이 문을 열었지요.

그런 명성 때문이었을까요? 소수서원은 훗날 대원군이 서원을 대폭 정리할 때도 굳건히 살아남았어요. 겨우 철폐되는 것을 피한 47개 서원에 포함되어 오늘날까지 옛 모습을 고스란히 간직하고 있지요. 소수서원은 사적 제55호로 지정되어 보호받고 있어요.

삭풍은 나무 끝에 불고

김종서

삭풍은 나무 끝에 불고 명월은 눈 속에 찬데
만리변성에 일장검을 짚고 서서
긴 파람 큰 한 소리에 거칠 것이 없어라.

[요즘 글로 풀어 읽기]

매서운 찬 바람은 나뭇가지를 흔들고 밝은 달빛은 눈밭을
차갑게 비추는데
머나먼 변방의 성루에 한 자루 긴 칼을 짚고 서서
휘파람 길게 불고 큰 소리 한번 내지르니 그 무엇도 맞설
것이 없어라.

✚ 지은이가 궁금해

김종서(1383~1453)는 조선 전기의 문신이었어요. 여러 벼
슬을 거친 뒤, 1433년 지금의 함경도 일대인 함길도 관찰사
가 되어 여진족의 침입을 물리쳤지요. 그 후 그는 언제 또 있
을지 모를 여진족의 침략에 대비해 '6진'을 설치했어요. 6진

이란 종성, 회령, 경흥 등 두만강 하류 여섯 지역에 군대를 주둔시킨 것을 일컫지요.

김종서는 원래 문신이었지만 여느 무신 못지않은 호방한 성품을 지녔어요. 그는 단종에게 충성을 다하다가 수양대군에게 죽임을 당했지요.

✛ 감상 길라잡이

'살을 에는 듯한 차가운 겨울바람이 앙상한 나뭇가지를 흔들어 댄다. 밝은 달빛은 눈 덮인 산과 들을 차갑게 비춘다. 그 시각, 한양에서 멀리 떨어진 국경 지대의 성루에서 한 사내가 큰 칼을 움켜쥔 채 북방을 살펴보고 있다. 용맹한 기상과 나라에 대한 충성심이 넘치는 그에게 감히 맞서 싸울 자 아무도 없다.'

〈삭풍은 나무 끝에 불고〉를 정리하면 바로 이런 내용이에요. 한겨울의 매서운 북풍도 조국을 사랑하는 사내의 마음을 움츠러들게 하지 못하지요.

그 사내의 이름은 다름 아닌 김종서예요. 큰 호랑이라는 뜻의 '대호'라는 별명으로 불리기도 했던 그에게 결코 두려움은 없었지요. 그가 있는 한 외적에게 우리의 영토를 빼앗길 염려는 없었어요.

김종서의 〈삭풍은 나무 끝에 불고〉 같은 작품을 '변새가'라고 해요. 그것은 변방의 국경 지대에서 느끼는 정서를 담은 한시나 시조 등을 일컫는 말이지요.

그런데 〈삭풍은 나무 끝에 불고〉는 여느 변새가와 다른 특징을 보이고 있어요. 이 작품처럼 자신만만하고 용맹스런 기개가 넘치는 경우는 흔치 않지요.

오늘날 김종서의 시조는 단 2수가 전해지고 있어요. 다른 한 작품 역시 영토 확장에 대한 자부심과 사나이다운 당당함이 가득 깃들어 있지요.

✛ 한 걸음 더 - 북진 정책

김종서의 또 다른 시조에는 '장백산에 기를 꽂고 두만강에 말 씻기니'라는 구절이 있어요. 여기서 알 수 있듯, 조선 초 우리는 이미 백두산과 두만강을 영토의 일부로 삼았지요.

그런데 우리의 영토 확장 노력은 조선시대 들어 시작된 것이 아니었어요. 일찍이 고려는 요동과 만주 지역을 호령하던 고구려의 영광을 되찾기 위해 많은 노력을 기울였지요. 한때 거란족이 대군을 이끌고 쳐들어오기도 했지만, 고려는 그 시련을 꿋꿋이 이겨냈어요.

그 후 조선은 고려의 마지막 북진 정책이기도 했던 요동 정벌을 진지하게 고민했어요. 다만 그 계획은 이런저런 국제 관계 때문에 실천되지 못했지요. 무모한 정책은 자칫 나라의 몰락을 가져올 수도 있는 법이니까요.

그 대신 조선은 세종대왕 때 북방의 여진족을 몰아내는 등 우리의 영토를 확고히 했어요. 그런 뒤에도 숱한 외적의 침입이 있었지만, 김종서와 최윤덕 등이 활약해 모두 물리쳤지요. 그렇게 백두산과 두만강, 압록강을 경계로 하는 국경선이 자리잡았어요.

삼곡은 어디메오 취병에 잎 퍼졌다.

녹수에 산조는 하상기음 하는 적에

반송이 바람을 받으니 여름 경이 없어라.

[요즘 글로 풀어 읽기]

세 번째 계곡은 어디인가? 병풍 같은 절벽에 푸른 잎이 우거졌다.

푸른 나무 사이로 산새가 낮고 높은 소리로 지저귈 적에

키 작고 가지 퍼진 소나무 바람에 흔들리니 여름 풍경 같지 않구나.

✚ 지은이가 궁금해

이이(1536~1584)는 조선 중기의 이름난 학자였어요. 신사임당의 아들이며 호는 '율곡'이지요. 이이는 젊은 시절 각종 과거 시험에 아홉 차례나 응시해 모두 장원 급제했어요. 워낙 똑똑하고 슬기로웠던 그는 임금의 두터운 신임 속에 이조판

서, 형조판서, 병조판서 등을 지냈지요.

이이는 왜적의 침략에 대비한 '십만양병설' 등 나라를 위한 여러 가지 개혁 정책을 주장했어요. 아울러 성리학과 관련된 다양한 책을 집필했으며, 붕당정치의 갈등을 해소하기 위해 노력했지요.

✛ 감상 길라잡이

〈삼곡은 어디메오〉는 율곡 이이의 연시조 작품 〈고산구곡가〉의 넷째 수예요. 이이는 1578년 서곡 1수와 본문 9수로 이루어진 〈고산구곡가〉를 지었지요.

이이는 이 작품에서 아홉 개의 골짜기를 늘어놓고 계절에 따라 달라지는 풍경과 감상을 적었어요. 논리적인 사고를 하는 학자답게 〈고산구곡가〉는 매우 짜임새 있는 구조를 갖추고 있지요.

〈삼곡은 어디메오〉를 이해하려면 우선 '취병', '반송' 등의 의미를 알아야 해요. 취병은 꽃나무 가지를 이리저리 뒤틀어 병풍 모양으로 만든 물건을 일컫지요. 반송은 키가 작고 옆으로 가지가 쫙 퍼진 소나무를 말하고요.

이이는 이 글에서 녹음이 우거진 여름날의 계곡 풍경을 그리고 있어요. 계곡을 병풍처럼 둘러싼 절벽에는 푸른 잎이 가득하지요. 한창 푸르른 나무 사이로 온갖 산새들이 날아다니며 저마다 높고 낮은 소리로 지저귀는 중이에요.

그런데 그 때 마침 한 줄기 바람이 불어왔어요. 그 바람에 소나무 가지가 흔들렸지요. 이이는 그 광경을 바라보며 여름날 같지 않은 시원함을 느꼈어요. 비록 무더운 날씨지만 아름다운 자연에서 여유를 찾아 즐기는 옛 선비의 마음이 잘 드러나 있지요.

이 작품을 보면, 꼭 첨벙거리며 물놀이를 해야 여름날의 더위가 가시는 것은 아닌 듯해요. 계절의 변화를 긍정적으로 받아들이면 한 줄기 바람에도 시원함을 만끽할 수 있지요.

✛ 한 걸음 더 - 자운서원

'자운서원'은 광해군 때인 1615년 문을 열었어요. 율곡 이이의 학문과 인품을 기리기 위해 그 지역 유학자들이 앞장서 만들었지요. 자운서원이라는 이름은 그로부터 35년 뒤 효종 임금이 붙여 주었어요.

율곡 이이는 여러모로 재능이 많은 유학자였어요. 높은 벼슬을 지내기도 했지만, 그것에 만족하지 않고 나라의 발전과 화합을 위한 노력을 게을리 하지 않았지요. 또한 일본의 침략에 대비해 십만양병설, 그러니까 미리 10만 명의 군사를 훈련시켜 만약의 사태에 대비할 것을 주장하기도 했어요.

그러나 자신의 뜻이 받아들여지지 않자, 이이는 벼슬을 버리고 본가가 있는 경기도 파주시 율곡리로 내려가 제자들을 교육하는 데 힘썼어요. 참고로 율곡리라는 지명은 그 지역에 밤나무가 많아 붙여진 것이지요. 그런 점은 이이의 호가 율곡인 것과도 관련이 있어요.

그런데 이이의 율곡리 생활은 오래가지 못했어요. 이듬해인 1584년 그는 48세의 나이로 죽음을 맞았고, 조상들의 묘가 자리한 파주 자운산에 묻혔지요. 그 후 앞서 설명했듯 자운서원이 만들어졌어요.

오늘날 자운서원에는 율곡 이이의 위패와 영정, 그리고 묘가 모셔져 있어요. 그뿐 아니라 그의 어머니인 신사임당을 비롯해 가족들의 묘도 함께 있지요. 자운서원의 율곡기념관에 들르면 이이의 유품과 편지, 신사임당의 그림과 글씨 등을 볼수 있어요.

✛ 한 걸음 더 - 가을빛이 좋구나!

이이의 〈고산구곡가〉 중 여덟째 수는 가을 풍경을 이야기하고 있어요. 이 작품을 살펴보면 계절의 변화에 따른 각 수의 특징을 잘 알 수 있지요.

그럼 우리 함께 감상해 보도록 해요.

칠곡은 어디메오 풍암에 추색 좋다.

청상이 엷게 치니 절벽이 금수로다.
한암에 혼자 앉아서 집을 잊고 있노라.

[풀이]
일곱 번째 계곡은 어디인가? 단풍 덮인 바위에 가을빛이
좋구나.
깨끗한 서리 엷게 내려앉으니 절벽이 수를 놓은 비단 같다.
차가운 바위에 홀로 앉아 세상의 일을 잊었노라.

선인교 내린 물이 자하동에 흘러들어
반천 년 왕업이 물소리뿐이로다.
아이야, 고국 흥망을 물어 무엇 하리오.

[요즘 글로 풀어 읽기]

선인교 아래로 흐르는 물이 자하동에 흘러드니

오백 년이나 이어져 온 왕조의 업적이 이제 이 물소리뿐이
구나.

아이야, 옛 나라의 흥함과 망함을 새삼 물어 무엇 할까?

✢ 지은이가 궁금해

정도전(1342~1398)은 고려 말·조선 초의 문신이었어요.
이성계를 도와 앞장서 조선을 건국했지요.

정도전은 조선 왕조가 행정, 외교, 군사 등 여러 분야의 기
초를 다지는 데 중요한 역할을 담당했어요. 도읍을 한양으로
옮길 때도 궁궐의 위치를 결정하는 등 크게 활약했지요. 아울

러 그는 유학의 대가로서 조선이 억불숭유 정책을 펼치도록 했어요.

✛ 감상 길라잡이

정도전은 조선의 개국 공신이에요. 조선이라는 새로운 왕조를 열고 국가의 기틀을 다지는 데 그만큼 많은 일을 했던 인물도 드물지요.

하지만 정도전이 고려의 몰락을 마냥 기뻐한 것은 아니었어요. 그는 비록 자신이 꿈꾸는 개혁을 실천하기 위해 새 왕조를 열었지만, 마음 한구석에는 크나큰 아쉬움이 자리잡고 있었지요. 그가 미워한 것은 제 이익만 쫓는 답답한 귀족들이었지 고려가 아니었으니까요.

정도전은 그와 같은 안타까움을 〈선인교 내린 물이〉라는 한 편의 시조에 담았어요.

고려가 멸망한 어느 날, 정도전의 발걸음이 수도였던 개성에 다다랐지요. 그런데 그 곳에는 어느새 500년이라는 긴 역사를 자랑하던 고려 왕조의 영광이 하나도 남아 있지 않았어요. 그저 다리 아래로 흘러가는 물소리만 변함없이 들려올 뿐이었지요.

아, 인생이 그렇듯 왕조의 찬란한 업적이라는 것도 얼마나 허무한가요.

하지만 정도전은 슬픔과 한탄에 잠겨 있지만은 않았어요. 그에게는 마음속 깊이 간직해 오던 꿈을 펼쳐나갈 현실이 기다리고 있었거든요. 그것은 물론 강력하고 정의로운 조선 왕조의 건국이었어요. 이제 막 새로운 희망을 이야기하는데 언제까지나 옛 추억에 잠겨 있을 수는 없었지요.

우리는 〈선인교 내린 물이〉를 통해 미래에 대한 정도전의 집념을 헤아릴 수 있어요. 그것은 인간적인 동정심을 넘어서는 확고한 의지였지요.

✛ 한 걸음 더 - 『조선경국전』

1394년, 정도전이 지어 조선의 첫 임금인 태조에게 올린 법전이에요. 『조선경국전』의 맨 앞 부분인 서론에는 조선이라는 국가 형성의 기본 정신이 서술되어 있지요.

그 내용을 살펴보면, 우선 나라 이름을 조선이라고 지은 까닭이 '기자조선'의 역사에서 비롯되었다고 밝히고 있어요. 또한 임금은 '인(仁)'의 자세로 왕위를 지켜나가야 한다고 적고 있지요. 나아가 왕위는 맏아들이나 총명하고 어진 사람이 계승해야 된다고 강조했어요.

그 뒤 『조선경국전』의 본론은 치전, 부전, 예전, 정전, 헌전, 공전의 '6전'으로 구성되어 있어요. 그 가운데 치전은 관리 선발 방법과 재상의 역할 등을 알리고 있지요. 부전은 국가의 수입과 지출에 관한 내용, 예전은 외교와 각종 예법에 관한 내용이고요.

그 밖에 정전은 군사 제도에 관한 설명이에요. 헌전은 법률과 형벌에 관한 내용이지요. 그런데 헌전에 따르면 법률과 형벌은 도덕 정치를 실현하는 예방적 수단이 되어야 한다고 덧붙이고 있어요. 마지막으로 공전은 궁궐, 병기, 성곽 등에 관련된 제도를 설명한 글이지요.

이어 『조선경국전』은 본문 뒤에 적는 서문인 후서가 있어요. 이 글은 정총이라는 학자가 썼지요. 그렇듯 국가 운영에 관한 다양한 이야기가 담겨 있는 『조선경국전』은 이후 출간된 여러 법전들의 기초가 되었어요.

✛ 한 걸음 더 - 『경국대전』

『경국대전』은 조선시대 국가 통치의 기본이 된 최고의 법전이에요. 그 전에 나온 『조선경국전』과 『경제육전』 같은 법전이 밑바탕이 되어 만들어졌지요.

『경국대전』은 조선 제7대 임금 세조 때 최항, 강희맹, 김국광, 노사신, 서거정 등이 집필을 시작해 제9대 임금인 성종 때 완성했어요. 그리고 몇 차례 내용을 수정해 1485년 책으로 펴냈지요.

그 후 『경국대전』은 조선 왕조 최후의 법전인 『대전회통』에 이르기까지 중심 뼈대가 되었어요. 비록 이름이나 형식은 조금씩 바뀌었어도『경국대전』이 조선 최고 법전의 기본 골격을 이루었다는 말이에요.

한편『경국대전』의 형식은『조선경국전』처럼 6전의 틀을 갖추었어요. 그 아래 각각 14~61개의 항목을 두어 구체적인 내용을 설명했지요.『경국대전』은 당시 동양 문화에 많은 영향을 끼쳤던 중국 법률의 모방을 넘어 우리 고유의 사회 질서를 확립했다는 데 큰 의의가 있어요.

아버님 날 낳으시고

정철

아버님 날 낳으시고 어머님 날 기르시니
두 분 곳 아니시면 이 몸이 살았을까.
하늘같은 가없는 은덕을 어디 대어 갚사오리.

[요즘 글로 풀어 읽기]

아버님이 나를 낳으시고 어머님이 나를 기르시니
두 분이 아니었다면 이 몸이 세상을 살 수 있을까.
하늘같이 끝없는 그 은혜 어떻게 갚을 수 있을까.

✛ 지은이가 궁금해

정철(1536~1593)은 조선 중기의 문신이었어요. 우의정 · 좌의정 등 높은 벼슬을 지냈으며, 뛰어난 글솜씨로 더욱 유명했지요. 그는 시와 산문의 중간 형태인 가사 문학의 대가로 시조를 즐겨 쓴 윤선도와 함께 쌍벽을 이루었어요.

정철의 대표적인 가사 작품으로는 〈관동별곡〉, 〈사미인곡〉, 〈속미인곡〉 등을 들 수 있어요. 그 밖에 70여 편의 시조

작품도 남겼지요. 문집으로는 『송강가사』 등이 전해지고 있어
요.

✛ 감상 길라잡이

1580년, 송강 정철은 〈훈민가〉라는 시조를 발표했어요. 이
작품은 '경민가'라고도 하는데, 모두 16수로 이루어져 있지
요.

정철은 강원도 관찰사로 부임하고 나서 〈훈민가〉를 지었어
요. 시조를 통해 백성들에게 도덕을 깨우치려는 목적이 있었
지요. 그 내용은 앞서 주세붕의 〈오륜가〉에서 설명한 '삼강오
륜' 등을 바탕으로 하고 있어요.

그 〈훈민가〉의 첫째 수가 〈아버님 날 낳으시고〉예요. 이
작품은 부모님의 은혜를 가슴 깊이 새기며 살아가라는 가르
침을 담고 있어요. 부모님이 이 세상에 나를 낳고 정성껏 키
워 주셨으니 평생 효도를 다하라는 것이지요.

그런데 〈아버님 날 낳으시고〉는 여느 시조들과 조금 다른
특징이 있어요. 그것은 한자어가 거의 사용되지 않았다는 점
이에요.

왜 그랬을까요? 그 이유는 백성들이 널리 읽고 쉽게 이해
할 수 있도록 했기 때문이에요. 한자를 잘 모르는 백성들의
처지를 헤아려 일부러 순우리말을 골라 쓴 것이지요.

아울러 〈아버님 날 낳으시고〉는 관리가 백성들에게 가르침을 전하는 글인데도 명령조의 말투를 사용하지 않고 있어요. 문장 끝을 의문문처럼 표현해 백성들 스스로 깨달음을 얻을 수 있도록 했지요. 정철은 그와 같은 부드러운 방법이 더욱 강한 설득력을 갖는다는 사실을 잘 알고 있었어요.

✛ 한 걸음 더 - 〈관동별곡〉·〈사미인곡〉·〈속미인곡〉

송강 정철은 45세에 강원도 관찰사가 되고 나서 〈훈민가〉를 비롯해 여러 글을 썼어요. 그 가운데 하나가 〈관동별곡〉이지요.

〈관동별곡〉은 정철이 강원도에 위치한 명소들을 두루 둘러보고 그 풍경과 전해지는 이야기, 자신의 느낌 등을 가사 형식으로 적은 거예요. 당시 한자어를 주로 쓰던 다른 양반들과 달리 되도록 순우리말을 사용하려고 했던 노력이 엿보이지요. 웅장한 분위기에 화려하고 세심한 문장 등 정철의 빼어난 문학적 재능을 확인할 수 있는 작품이에요.

〈사미인곡〉은 정철이 50세의 나이에 지은 가사예요. 그 무렵 그는 붕당정치의 희생양이 되어 고향 마을에 내려와 지내는 형편이었지요.

정철은 〈사미인곡〉에서 한 여인이 남편을 그리워하는 마음을 그렸어요. 그것은 다름 아닌 임금에 대한 간절한 충성심의 표현이었지요. 비록 제목은 중국 고전에서 빌려 왔지만, 〈관동별곡〉처럼 순수한 우리말도 잘 활용해 지은 작품이에요.

그로부터 얼마 지나지 않아 정철은 〈속미인곡〉을 지었어요. 그것은 〈사미인곡〉의 속편이었지요. 정철은 두 편의 가사를 함께 '전후미인곡'이라고 일컫기도 했어요.

〈속미인곡〉은 〈사미인곡〉처럼 젊은 여인이 남편을 사랑하는 이야기로 임금에 대한 그리움을 나타냈어요. 다만 두 여인이 서로 묻고 대답하는 형식으로 표현 방법이 바뀌었지요. 한자 어구는 〈사미인곡〉보다 더욱 줄어들었고요.

✛ 한 걸음 더 – <훈민가> 열여섯 번째 작품

〈훈민가〉 16수는 저마다 바람직한 생활 자세와 사람의 도리를 이야기하고 있어요. 노인 공경에 대한 내용을 담은 마지막 수도 마찬가지지요. 열여섯 번째 수는 다음과 같아요.

이고 진 저 늙은이 짐 풀어 나를 주오.
나는 젊었거니 돌이라 무거울까.
늙기도 설워라커든 짐을 조차 지실까.

[풀이]
짐을 이고 진 저 노인이여, 그 짐들을 내려 내게 줘요.

나는 젊으니 돌이라고 무거울까요.

늙는 것도 서러운데 짐까지 지실 수 있나요.

엊그제 버힌 솔이   김인후

엊그제 버힌 솔이 낙락장송 아니런가.

저근덧 두던들 동량재 되리러니,

어즈버 명당이 기울면 어느 남기 버티랴.

[요즘 글로 풀어 읽기]

엊그제 베어 버린 소나무가 낙락장송 아니던가.

조금 더 두었으면 대들보가 될 재목일 텐데,

아, 이 나라 조정이 기울면 어느 나무로 지탱할 수 있을까?

✛ 지은이가 궁금해

김인후(1510~1560)는 조선 중기의 문신이었어요. 성균관에서 퇴계 이황과 함께 학문을 닦은 뒤 과거에 급제해 몇몇 벼슬을 거쳤지요.

그러나 김인후는 을사사화가 일어나자 스스로 벼슬자리에서 물러났어요. 그 후 고향인 전라도 장성으로 돌아가 성리학 연구에 매달렸지요. 그는 천문과 지리, 의약 등에도 상당한 지식을 갖췄던 것으로 알려져 있어요.

+ 감상 길라잡이

조선 왕조는 세종과 세조, 성종 임금 등을 거치며 여러모로 눈부신 발전을 이루었어요. 하지만 시간이 흐르면서 부정적인 면도 나타나기 시작했지요.

그 중 하나가 왕실과 인척 관계를 맺은 사람들의 권력 다툼이었어요. 주로 임금의 외척들이 중심이 되어 피비린내 나는 경쟁을 벌이고는 했지요.

〈엊그제 버힌 솔이〉를 이해하려면 바로 그와 같은 역사적 배경을 알아야 해요. 이 작품은 '을사사화'와 '정미사화'의 아픔 속에 탄생했지요. 여기서 '사화'란 조정의 신하나 선비들이 반대파의 공격에 밀려 참혹한 화를 입었던 일을 말해요.

김인후가 〈엊그제 버힌 솔이〉를 쓸 무렵에는 이복형제인 인종 임금과 명종 임금을 둘러싸고 두 세력이 치열한 다툼을 벌였어요. 마침 양쪽 세력을 이끄는 임금의 외척들이 모두 윤씨 성을 가져 '대윤'과 '소윤'으로 불렸지요.

그런데 권력 다툼은 으레 끔찍한 폭력을 불러오는 법. 그 과정에 100여 명의 인재들이 큰 화를 입었어요. 김인후가 아끼던 임형수라는 선비도 그 중 한 사람으로 안타깝게 목숨을 잃고 말았지요. 그 일이 직접적인 계기가 되어 김인후는 〈엊그제 버힌 솔이〉를 썼어요.

이 작품 중장의 '동량재'는 바로 임형수 같은 인재들을 일컬어요. 원래 동량재는 건축물의 대들보나 기둥으로 쓰이는 나무를 말하지요. 그러니까 김인후는 이 작품을 통해, 사화로 숱한 인재들이 목숨을 빼앗겨 장차 누가 조선의 앞날을 이끌어갈지 걱정하고 있는 거예요.

✤ 한 걸음 더 – 을사사화 · 정미사화

이미 설명했듯 을사사화 · 정미사화는 인종과 명종을 둘러싼 권력 다툼으로 빚어진 사건이에요. 시기적으로 앞서는 을사사화는 1545년 조선 제13대 임금 명종이 왕위에 오르자마자 일어났어요.

명종은 왕위에 오른 뒤 불과 8개월 만에 죽은 제12대 임금 인종의 이복동생이었어요. 당연히 두 임금은 어머니와 외가 친척들이 달랐지요. 그 바람에 인종과 명종은 왕위에 앉기 전부터 권력 투쟁의 중심에 서 있었어요. 인종의 외척들인 대윤과 명종의 외척들인 소윤은 서로 한 치의 양보도 하지 않았지요.

처음에 주도권을 잡은 쪽은 대윤 세력이었어요. 하지만 명종이 임금이 되자, 소윤은 대윤 세력을 몰아내기 위해 을사사화를 일으켰지요. 그 일로 숱한 신하와 선비들이 유배를 가고 죽임을 당했어요.

그런데 그런 비극은 을사사화로 끝나지 않았어요. 2년 만에 다시 정미사화가 일어났거든요. 소윤은 그 때까지 대윤 세력이 완전히 소탕되지 않았다는 이유로 정미사화를 일으켰어요. 그 사건으로 임형수 등 많은 사람들이 거듭 화를 입었지요.

오면 가려 하고
선조

오면 가려 하고 가면 아니 오네.
오노라 가노라니 볼 날이 전혀 없네.
오늘도 가노라 하니 그를 슬허하노라.

[요즘 글로 풀어 읽기]
오면 곧 가겠다고 하고 가고 나면 다시 올 줄 모르네.
오자마자 금세 가버리고 나면 만날 날이 전혀 없네.
오늘도 또 누가 가겠다고 돌아서니 그것을 슬퍼하노라.

✦ 지은이가 궁금해

선조(1552~1608)는 조선 제14대 임금이었어요. 다른 임금들과 달리 매우 검소한 생활을 했다고 알려져 있지요. 학문도 뛰어났고 글과 그림에도 소질이 있었어요.

선조는 다양한 인재들을 등용해 나라의 발전을 이루려고 노력했어요. 그 덕분에 이황과 이이 같은 훌륭한 인재들이 조정에 나아가 일할 수 있었지요. 하지만 선조는 붕당정치가 점

점 치열해지면서 많은 어려움에 부딪혔어요. 게다가 임진왜
란까지 일어나 피난길에 오르기도 했지요.

✤ 감상 길라잡이

조선시대에 임금의 권력은 대단했어요. 임금에 대한 충성
이 곧 나라를 아끼고 사랑하는 것이었지요. 누구도 함부로 임
금을 비난할 수 없었어요. 만약 임금을 몰아내려고 했다가는
당사자는 물론이고 그 자손까지 목숨을 지키기 어려웠지요.

그러나 임금이라고 해서 마냥 행복했던 것은 아니에요. 막
강한 힘을 가진 만큼 외로움도 컸어요. 혼자 수많은 일들을
결정해야 되는 것 역시 큰 부담이었지요. 임금에게는 흉허물
없이 지내며 고민을 상담할 친구가 없었어요.

그 때 임금이 이런저런 상의를 하고 의지할 대상은 충성스
런 신하들뿐이었어요. 그런 까닭에 임금은 속 깊고 능력 있는
신하들을 곁에 두기 위해 많은 노력을 기울였지요. 그것은 선
조도 마찬가지였어요.

하지만 선조에게는 그런 바람조차 쉬운 일이 아니었나 봐
요. 〈오면 가려 하고〉를 보면, 선조가 가까이 두고 싶어 했던
여러 신하들이 금세 조정을 떠났던 듯해요. 그 후로는 도무지
얼굴조차 볼 수 없었고요.

선조가 〈오면 가려 하고〉를 쓴 것은 신하 노진이 벼슬을 마

다하고 고향으로 돌아갈 때였어요. 노진은 임금의 비서실장 격인 도승지를 지낸 인물이었지요.

그런데 그는 홀어머니를 모시기 위해 스스로 관직을 버렸어요. 선조가 아쉬운 마음에 〈오면 가려 하고〉를 지어 노진에게 보냈지만 소용없는 노릇이었지요. 선조는 또 한 사람의 아끼는 신하를 잃고 슬픔에 잠겼어요.

✦ 한 걸음 더 - 선조의 능

경기도에 우리나라 최대 규모의 왕릉 터가 있어요. 조선시대 왕과 왕비 17위를 모신 곳으로, '동쪽에 있는 9개의 능'이라는 뜻의 '동구릉'이 그것이지요.

동구릉은 그 규모와 역사로 보아 조선 왕조 전 시기에 걸쳐 이루어졌다고 해도 지나친 말이 아니에요. 그 곳은 능이 하나씩 늘어날 때마다 동오릉, 동칠릉 등으로 불리다가 마지막 아홉 번째 능이 만들어진 1855년 이후 지금의 이름을 얻게 되었지요.

그럼 동구릉에 있는 9개의 능에 대해 자세히 알아볼까요?

동구릉 중 가장 위쪽에서 만나게 되는 것은 태조 이성계의 능인 건원릉이에요. 다른 능들은 모두 건원릉을 중심으로 좌우로 펼쳐져 자리하고 있어요.

우선 건원릉 동쪽으로 제14대 임금 선조와 의인왕후, 계비 인목왕후를 모신 목릉이 있어요. 그리고 그 밑으로 제5대 임금 문종과 현덕왕후를 모신 현릉이 있지요. 그 다음으로는 순조의 세자 익종과 신정왕후의 수릉이 있고요.

한편 건원릉 서쪽으로는 인조의 계비 장렬왕후의 능인 휘릉이 있어요. 그 아래쪽에는 제24대 임금 헌종과 효현왕후, 계비 효정왕후의 능인 경릉이 있지요. 그리고 제21대 임금 영조와 계비 정순왕후의 능인 원릉이 자리하고 있어요. 그것에 이어 경종의 비 단의왕후의 능인 혜릉이 있으며, 맨 왼쪽으로 제18대 임금 현종과 명성왕후의 능인 숭릉이 있지요.

어때요, 동구릉에는 정말 많은 왕과 왕비들이 모셔져 있지요?

그렇듯 동구릉이 왕릉 터로 환영받은 까닭은 일찍이 좋은 묏자리로 소문났기 때문이에요. 태조 이성계가 세상을 떠난 뒤 그의 아들인 태종은 명당을 찾아 경기도 일대를 샅샅이 뒤진 끝에 지금의 동구릉 터를 발견했어요. 또한 조선이 도읍을 한양으로 옮기는 데 큰 역할을 한 무학대사가 그 곳을 왕릉 터로 삼았다는 설도 있지요.

이 몸이 죽어 죽어

정몽주

이 몸이 죽고 죽어 일백 번 고쳐 죽어
백골이 진토되어 넋이라도 있고 없고
님 향한 일편단심이야 가실 줄이 이시랴.

[요즘 글로 풀어 읽기]
이 몸이 죽고 죽어 일백 번을 거듭 죽은들
몸 썩고 남은 뼈가 티끌과 흙이 되고 영혼이 있든 없든
임을 향한 변치 않는 마음이야 사라질 리가 있을까.

＋ 지은이가 궁금해

정몽주(1337~1392)는 고려 말의 문신이었어요. 가난한 백성들을 구제하는 데 앞장섰으며, 지방에 향교를 세우는 등 교육 발달에도 힘썼지요. 그는 고려의 으뜸가는 충신으로 외교와 군사 문제에도 깊이 관여했지만 기울어 가는 왕조의 운명을 되돌리지는 못했어요.

정몽주는 뛰어난 학자였을 뿐만 아니라, 여러 편의 시조와

한시를 남겼으며 그림도 잘 그렸어요. 그의 재능과 강직한 성품은 조선 왕조를 건국한 사람들도 내심 존경해 마지않았지요. 비록 정치적 입장이 달라 비참하게 살해했지만 말이에요.

✚ 감상 길라잡이

1388년, 고려 우왕은 명나라가 자꾸만 무리한 요구를 하자 이성계가 이끄는 정벌군을 요동 지역으로 보냈어요. 하지만 이성계는 위화도에서 군사를 돌려 고려로 돌아왔지요.

이성계는 고려를 떠나기 전부터 요동 정벌이 무모한 계획이라고 생각했어요. 명나라가 원나라의 뒤를 이어 중국 땅을 지배할 것이 뻔한데, 고려는 아직 원나라에 대한 미련을 버리지 못한다고 판단했지요. 게다가 고려가 요동에서 전투를 벌이는 틈을 타 왜구가 쳐들어올지도 몰랐어요. 그래서 이성계는 군사를 돌려 고려로 돌아온 뒤 새로운 왕조인 조선을 건국할 계획을 세웠던 것이지요.

이성계는 그 일에 정몽주를 꼭 끌어들이고 싶었어요. 두 사람은 한때 고려 사회를 개혁하는 데 힘을 모으기도 했지요.

그럼에도 정몽주는 이성계와 달리 고려 왕조를 무너뜨리고 싶은 생각이 전혀 없었어요. 나아가 그 일이 결코 용서받을 수 없는 크나큰 죄라고 여겼지요.

그러던 어느 날, 이성계의 마음을 잘 알고 있던 아들 이방원이 은근슬쩍 정몽주를 떠보았어요. 그는 정몽주 앞에서 '하여가'라는 시조를 읊으며 같은 편이 되기를 바랐지요.

그러자 정몽주는 그 시조에 담긴 의미를 단박에 헤아려 '단심가'로 응답했어요. 다름 아닌 〈이 몸이 죽고 죽어〉가 '변치 않는 마음의 노래'라는 뜻의 단심가지요.

정몽주는 단심가를 통해 죽어도 고려를 배신할 수 없다는 다짐을 분명히 전했어요. 그 마음을 확인한 이방원은 부하를 시켜 선죽교에서 정몽주를 죽이고 말았지요.

✚ 한 걸음 더 – 하여가

이방원은 태조 이성계의 다섯째 아들이에요. 그는 이런저런 우여곡절을 겪은 뒤 조선 제3대 임금 태종이 되었지요.

이방원은 진작부터 정몽주를 존경했어요. 그렇다고 조선 건국에 반대하는 사람을 그냥 살려둘 수는 없었지요. 그 대신 이방원은 왕위에 오르고 나서 정몽주를 영의정에 추증했어요. 추증이란, 나라에 공이 있는 관리가 죽은 뒤에 벼슬을 높여 주던 일을 말해요.

그럼 이방원이 마지막으로 정몽주의 마음을 돌리려고 읊은 '하여가'는 어떤 내용이었을까요? 그 시조를 감상해 보도록 하지요.

이런들 어떠하며 저런들 어떠하리.

만수산 드렁칡이 얽혀진들 어떠하리.

우리도 이같이 얽혀져 백 년까지 누리리라.

[풀이]

이렇게 산들 어떻고 저렇게 산들 어떤가.

만수산의 칡덩굴이 얽혀 산들 어떠한가.

우리도 그처럼 얽혀 오래오래 한평생을 살아가리라.

✚ 한 걸음 더 - 선죽교

지금은 북한 땅인 개성시 선죽동에 있는 돌다리예요. 선죽교의 규모는 길이 8.35미터, 너비 3.36미터 정도 되지요.

원래 이름은 선지교였는데, 정몽주가 살해되던 날 밤 다리 옆에서 대나무가 솟았다고 하여 선죽교라고 불리게 되었어요. 현재 북한 국보 문화유물 제159호로 지정되어 있지요.

한편 정몽주의 묘는 경기도 용인시 모현면에 위치해 있어요. 고려의 충신 정몽주의 묘는 경기도기념물 제1호로 지정되어 있지요.

장검을 빼어들고

남이

장검을 빼어 들고 백두산에 올라 보니
대명천지에 성진이 잠겼어라.
언제나 남북풍진을 헤쳐 볼꼬 하노라.

[요즘 글로 풀어 읽기]
긴 칼 빼어 들고 백두산에 올라가 바라보니
환히 밝은 넓은 세상에 비린내 나는 먼지가 자욱하구나.
언젠가는 남북의 티끌들을 평온하게 진정시킬까 한다.

✚ 지은이가 궁금해

남이(1441~1468)는 조선 전기의 무신이었어요. 17세의 나이로 무과에 장원 급제해 사람들을 깜짝 놀라게 했지요.

그는 이시애가 반란을 일으키자 진압에 앞장서 세조 임금에게 최고의 공신으로 인정받았어요. 그 후에도 여진족을 토벌하는 등 많은 공을 세운 남이는 불과 28세의 나이에 병조판서가 되었지요. 하지만 그 해, 문신 유자광이 역모를 꾀한다고 의심했다가 오히려 체포되어 죽임을 당하고 말았어요.

✛ 감상 길라잡이

남이는 조선 제3대 임금 태종의 외증손자로 태어났어요. 어린 시절부터 남달리 총명했던 그는 일찌감치 훌륭한 무신이 되겠다는 꿈을 꾸었지요. 용맹한 장수가 되어 당시 조선을 위협하던 여진족과 왜구를 무찌르고 싶었기 때문이에요.

시조 〈장검을 빼어들고〉를 보면, 남이의 씩씩한 기상과 굳은 절개가 얼마나 대단했는지 짐작할 수 있어요. 그는 만주 지역의 여진족을 토벌한 뒤 이 작품을 썼지요.

젊은 장군 남이는 임무를 성공적으로 마치고 나서 한양으로 돌아오는 길에 백두산에 올랐어요. 그런데 발아래 펼쳐진 드넓은 세상에 비린내 나는 먼지가 자욱했지요. 그 먼지는 여진족 등이 일으키는 전쟁의 기운이었어요.

한창 정의감과 애국심이 불타올랐던 남이는 그런 현실을 그냥 두고 볼 수 없었어요. 언젠가는 남북의 티끌들, 그러니까 여진족과 왜구를 모두 물리치고 싶었지요. 그 무렵 압록강과 두만강 일대는 여진족의 침입이 잦았고, 남쪽에는 왜구가 숨어들어와 백성들을 못살게 굴었거든요.

그래서 남이는 한 차례의 여진족 토벌에 만족하지 않고 모든 외적의 침략으로부터 조선을 지켜내겠다고 다짐했어요.

그는 자신의 노력과 희생으로 조선이 평화로운 나라가 되기를 간절히 바랐지요.

겨우 28세의 나이로 삶을 마친 남이 장군. 만약 그가 좀더 오래 세상을 살았다면, 조선의 운명은 어떻게 바뀌었을까요?

✛ 한 걸음 더 - 이시애의 난

이시애는 조선 전기의 무신이었어요. 그는 함경도 길주 태생인데, 자기 고장에서 마음껏 권력을 휘두르던 여러 지방 호족들 중 한 사람이었지요.

아직 나라의 기틀이 완전히 잡히지 않았던 조선 초, 조정에서는 한양과 멀리 떨어져 있는 북방 호족들의 마음을 얻기 위해 특별한 정책을 펼쳤어요. 북방 호족들에게는 별도의 시험 없이 벼슬을 주었던 것이지요.

하지만 그런 정책은 오래 가지 않았어요. 세조가 임금이 된 뒤, 북방 호족들에 대한 특별 대우는 빠르게 사라져 갔지요.

그러자 자기 지위에 불안을 느낀 이시애가 반란을 일으켰어요. 그는 함경도 백성들을 속여 세력을 넓혀 갔지요. 그것이 바로 '이시애의 난'이에요.

그러나 이시애는 뜻을 이루지 못했어요. 조정에서는 남이 등에게 3만 명의 군사를 내주어 반란군을 진압하도록 했지요. 뒤늦게 이시애가 반란을 일으킨 것을 알게 된 함경도 백성들도 더 이상 협력하지 않았어요. 그는 얼마 지나지 않아 관군에게 붙잡혀 처형되었지요.

✛ 한 걸음 더 - 남이의 최후

조선 제7대 임금 세조는 남이를 무척 아꼈어요. 일찍이 그의 뛰어난 재능과 충성심을 헤아렸기 때문이에요.

하지만 세조가 물러나고 나서 상황이 달라졌어요. 제8대 임금 예종이 왕위에 오른 1468년, 평소 남이를 질투하던 유자광이 결정적인 함정을 팠지요. 그는 먼저 남이가 자기를 의심하게 만든 다음 모함을 하는 것으로 몰아붙였어요. 나아가 오히려 남이가 반역의 뜻을 품었다고 주장했지요.

남이를 그다지 탐탁치 않게 여기던 예종은 유자광의 말을 믿었어요. 그 바람에 남이를 비롯해 당시 영의정이었던 강순 등 여러 사람이 억울하게 처형당했지요.

그런데 유자광은 남이를 반역자로 몰 때 한 편의 글을 교묘하게 이용했어요. 남이는 여진족을 토벌하면서 지은 한시에 '사내가 스무 살에 나라를 평정하지 못하면 후세 사람들이 어찌 그를 대장부라고 하겠는가.'라는 구절을 쓴 적이 있었어요. 그것은 젊은 사나이의 꿈과 용기를 이야기한 문학적 표현이었지요.

하지만 유자광은 자기 마음대로 '나라를 평정하지 못하면'

을 '나라를 얻지 못하면'으로 바꾸었어요. 그 표현은 반란을
계획했다고 꼬투리를 잡는 데 증거로 이용되었지요.

저 건너 일편석이

저 건너 일편석이 강태공의 조대로다.
문왕은 어디 가고 빈 대만 남았는고.
석양에 물 차는 제비만 오락가락 하더라.

[요즘 글로 풀어 읽기]
저 건너 한 조각 돌은 강태공이 낚시질하던 곳이구나.
문왕은 어디로 가고 빈 자리만 남았는가.
저녁놀 질 때 제비만 물을 차며 왔다갔다 하는구나.

+ 지은이가 궁금해

조광조(1482~1519)는 조선 중기의 문신이었어요. 그는 덕과 예로 다스리는 이상적인 정치를 꿈꾸며 유학을 공부하는 선비들인 사림파를 이끌었지요.

조광조는 국왕이 폭넓은 교육을 받아 슬기로운 군주가 되어야 한다고 강조했어요. 아울러 조선 건국에 공을 세워 높은 벼슬자리에 오른 훈구파의 정치를 개혁해야 된다고 주장했지요. 그 바람에 훈구파의 반발을 사 멀리 유배되었다가 죽음을 맞았어요.

✤ 감상 길라잡이

〈저 건너 일편석이〉를 이해하려면, 우선 강태공과 문왕의 관계를 알아야 해요. 강태공은 중국 주나라 초기의 정치가였어요. 그는 주나라를 세운 무왕이 은 왕조를 무너뜨리고 중국 대륙을 다스리도록 적극적으로 도왔지요.

그런데 강태공의 인물됨을 처음 알아본 사람은 무왕의 아버지 문왕이었어요. 문왕은 똑똑하고 어진 선비들을 불러 모아 아들 무왕이 주나라를 건국할 수 있도록 기반을 닦아 주었지요.

강태공은 문왕처럼 자기를 알아주는 사람이 나타나기를 기다리며 홀로 낚시를 즐겼어요. 〈저 건너 일편석이〉에 묘사된 '한 조각 돌'이 그 장소였지요.

조광조는 그와 같은 문왕과 강태공의 관계를 떠올리며 이 작품을 지었어요. 많은 세월이 흘러 두 사람 모두 세상을 떠나 빈 자리만 남았지만, 그래서 저녁놀이 질 때 제비만 물을 차며 한가롭게 날아다닐 뿐이지만 그 시절 문왕과 강태공의 인연이 부러웠던 것이지요.

왜냐고요? 당시 조선은 고려를 무너뜨리고 새 왕조를 건국하는 데 공을 세운 '훈구파'들이 권력을 잡고 있었어요. 하지만 적지 않은 시간이 흐르다 보니 그들의 정치가 변화를 두려워하고 점점 부패해 갔지요.

그 때 조광조를 중심으로 한 '사림파'들이 훈구파 정치의 개혁을 외치기 시작했어요. 그렇게 되려면 무엇보다 먼저 사림파들이 벼슬을 얻어 조정으로 나아가야 했지요.

그런데 아직은 문왕이 강태공을 알아본 것처럼 임금이 사림파들의 진심을 헤아리지 못했어요. 그 아쉬움을 조광조는 〈저 건너 일편석이〉에 담아낸 것이지요.

✤ 한 걸음 더 - 훈구파와 사림파

앞서 설명했듯, 훈구파는 조선 초 최고의 권력 집단이었어요. 정인지, 신숙주, 강희맹, 남곤, 홍경주 등을 예로 들 수 있지요.

그런데 그 무렵 자연에 묻혀 조용히 유학 연구에 힘쓰던 선비들이 있었어요. 그들이 바로 김종직, 김굉필, 조광조 등을 중심으로 한 사림파였어요.

사림파는 조선 제9대 임금 성종 때부터 조정에 진출했어요. 그들은 훈구파를 비판하며 성리학을 바탕으로 한 이상 정치를 꿈꾸었지요. 그 후 제11대 임금 중종 때에 이르러서는 사림파의 세력이 훈구파를 궁지에 몰아붙일 만큼 더욱 강력해졌어요.

✛ 한 걸음 더 - 기묘사화

조선의 정치와 사회를 개혁하려고 했던 사림파의 노력은 너무 급하고 일방적이었어요. 또 지나치게 이상적이라 현실 상황과 맞지 않는 경우도 적지 않았지요.

그런 까닭에 사림파가 아닌 쪽에서 불만의 소리가 점점 높아 갔어요. 중종 임금도 내심 사림파의 말과 행동을 염려하게 되었고요.

그 때 훈구파에서 한 가지 꾀를 냈어요. 그들은 궁궐의 나뭇잎에 꿀로 '주초위왕(走肖爲王)'이라는 글자를 썼어요. 그러자 벌레들이 꿀을 따라 나뭇잎을 갉아먹어 그 글자가 새겨졌지요.

여기서 '주'와 '초' 두 글자를 합치면 조광조의 성인 '조(趙)'가 돼요. 그러니까 그 글은 '조 씨 성을 가진 사람이 임금이 된다.'는 뜻이었지요.

훈구파들은 그 나뭇잎을 당장 중종에게 가져갔어요. 그것을 본 중종은 마침 사림파를 멀리하고 싶었던 참에 조광조 등을 내치는 기회로 삼았지요.

그 일로 조광조는 사약을 받아 죽게 되었어요. 다른 많은 사림파들도 귀양을 가거나 죽임을 당했고요. 1519년의 그 사건을 일컬어 '기묘사화'라고 해요.

짚방석 내지 마라

한호

짚방석 내지 마라, 낙엽엔들 못 앉으랴.
솔불 혀지 마라, 어제 진 달 도다온다.
아이야 박주산채일망정 없다 말고 내어라.

[요즘 글로 풀어 읽기]
짚으로 만든 방석 내지 마라, 낙엽 위라고 못 앉겠느냐.
관솔불 켜지 마라, 어제 졌던 달이 다시 떠오른다.
애야! 변변치 못한 술과 산나물이라도 없다 말고 내놓아라.

✛ 지은이가 궁금해

한호(1543~1605)는 조선 중기의 서예가였어요. '석봉'이라
는 호가 쓰인 한석봉이라는 이름으로 더 잘 알려져 있지요.

한호는 일찍이 중국 최고의 서예가 왕희지와 안진경의 글
씨를 익혀 자신만의 예술 세계로 발전시켰어요. 그는 가평 군
수 등 몇몇 벼슬자리를 거치기도 했지만, 외국 사신을 맞을
때 그 실력을 선보이는 등 서예가로서 더욱 유명했지요. 그의

솜씨는 드물게 추사 김정희와 비교될 정도였어요.

✛ 감상 길라잡이

한호가 어렸을 적에 서예 공부를 하다 말고 집으로 돌아오자, 그의 어머니는 말없이 방 안의 불을 껐어요. 그리고 어둠 속에서 자신은 떡을 썰고 아들은 글씨를 쓰게 했지요. 그 결과 어머니가 썬 떡은 가지런했는데, 어린 한호의 글씨는 삐뚤빼뚤 엉망이었어요.

아마도 많은 어린이들이 이 일화를 알고 있을 테지요?

그렇듯 한호는 어머니의 격려 속에 어린 시절부터 서예 솜씨를 갈고 닦았어요. 나중에는 얼마나 실력이 훌륭했던지 많은 사람들이 앞다투어 그의 작품을 갖고 싶어 했지요. 그 중에는 명나라 장수로 임진왜란 때 구원병을 이끌고 온 이여송 같은 이도 있었어요.

그런데 한호는 서예 솜씨만 뛰어난 것이 아니었어요. 그는 누구 못지않게 풍류를 즐길 줄 아는 사람이었지요.

〈짚방석 내지 마라〉는 그와 같은 한호의 성품을 잘 보여주고 있어요. 한호는 낙엽 위에 털썩 앉으며 짚방석조차 사양하는 소탈한 성격이었지요. 송진이 엉긴 소나무 가지에 불을 붙이기보다 달빛이 비치기를 기다릴 줄 아는 여유도 있었고요.

그러면서 한호는 시중드는 아이에게 이야기하고 있어요.

자기를 대접하는 데는 흔하디흔한 술과 산나물 반찬 정도면 충분하다고 말이에요.

〈짚방석 내지 마라〉로 미루어, 한호는 격식을 별로 따지지 않는 사람이었을 거예요. 그 대신 자연 속에서 풍류를 즐기고 글씨 연습에 몰두하는 참된 예술가였지요.

✤ 한 걸음 더 - 『석봉서법』과 『석봉천자문』

오늘날 한호의 친필은 몇 점밖에 전해지고 있지 않아요. 그와 달리 비문과 현판 등은 적지 않게 남아 있지요. 이를테면 '서경덕신도비', '행주승전비', '선죽교비' 등의 글씨가 그의 작품이에요.

그 밖에 한호가 남긴 서첩 『석봉서법』을 통해서도 훌륭한 솜씨를 감상할 수 있어요. 서첩이란, 유명한 사람의 글씨나 아주 잘 쓴 글씨를 모아 책으로 엮은 것을 말하지요. 『석봉서법』에는 한호의 글씨를 300자 정도 탁본해 두었어요. 돌이나 나무에 새긴 글씨 등을 종이에 그대로 떠내는 것을 탁본이라고 하지요.

또한 한호가 쓴 천자문인 『석봉천자문』을 보아도 탁월한 솜씨를 확인할 수 있어요. 천자문은 원래 중국 양나라의 주흥사라는 사람이 펴낸 한문 학습서인데, 한호가 한글로 훈과 음을 달아 새롭게 썼지요. 『석봉천자문』은 선조 때부터 영조 때에 이르기까지 몇 차례에 걸쳐 거듭 간행되었어요.

철령 높은 봉을 이항복

철령 높은 봉을 쉬어 넘는 저 구름아,
고신원루를 비삼아 띄워다가
님 계신 구중심처에 뿌려 본들 어떠리.

[요즘 글로 풀어 읽기]
철령의 높은 봉우리를 쉬어 가며 넘는 저 구름아,
외로운 신하의 원통한 눈물을 비 대신 띄워 가져가
임금님 계신 깊은 궁궐 안에 뿌려 보면 어떨까?

✛ 지은이가 궁금해

이항복(1556~1618)은 조선 중기의 문신이었어요. 25세에
과거에 급제한 뒤, 임진왜란 때 병조판서가 되어 명나라 군대
의 파병을 요청했지요. 그 후 그는 여러 벼슬을 거쳐 좌의정
과 영의정을 지냈어요.

하지만 이항복은 광해군이 왕위에 오르고 나서 붕당정치의
소용돌이 속에 조정에서 쫓겨났어요. 그는 함경도로 유배를

떠났으며, 결국 그 곳에서 죽음을 맞았지요.

✛ 감상 길라잡이

조선 제14대 임금 선조의 계비 중에 인목왕후가 있었어요. 계비란, 임금이 다시 장가를 가서 맞이한 아내를 일컫지요. 인목왕후는 선조의 두 번째 부인이었어요. 선조의 막내아들인 영창대군의 어머니였고요.

그런데 선조의 둘째 아들인 광해군이 왕위에 오르면서 인목왕후와 영창대군에게 시련이 몰아닥쳤어요. 광해군을 지지했던 신하들이 영창대군을 아무 벼슬이나 권한이 없는 서인으로 내쳐야 한다고 주장했지요. 아울러 선조의 계비로서 인목왕후가 누리는 지위도 빼앗으려고 했어요. 왜냐하면 일부 신하들이 광해군 대신 영창대군이 임금이 되기를 바랐기 때문이에요.

그 무렵 이항복은 광해군과 그를 지지하는 신하들이 옳지 않다고 생각했어요. 특히 인목왕후에게서 왕대비의 지위를 빼앗는 일에는 적극 반대했지요. 그 바람에 이항복은 광해군의 미움을 사 유배를 가게 되었어요.

〈철령 높은 봉을〉은 바로 그 때 이항복이 안타까운 마음을 담아 지은 시조예요. 그는 임금의 믿음을 잃고 유배지로 떠나게 된 슬픔을 구름을 올려다보며 하소연했지요. 높은 산봉우리를 넘고 겹겹이 가로막혀 있는 장애물을 지나야 갈 수 있는 궁궐이지만 구름은 언젠가 그 곳에 닿을 테니까요.

이항복은 구름을 향해 간절히 부탁했어요. 비를 내리듯 자신의 원통한 눈물을 궁궐에 뿌려 달라고 말이에요. 그렇게라도 임금이 자신의 억울함과 슬픔을 알아주기를 바랐지요.

✛ 한 걸음 더 - 오성과 한음

이항복은 임진왜란 때 누구 못지않은 큰 공을 세웠어요. 왜군의 공격에 한양이 함락되자 선조 임금을 모시고 평안도 의주까지 피난을 갔지요.

그래서 고마움을 느낀 선조 임금은 전쟁이 끝난 뒤 이항복을 '오성부원군'이라고 부르며 칭찬했어요. 여기서 '부원군'이란, 왕비의 아버지나 정일품 공신에게 내리던 최고의 훈장 같은 것이지요. 그 후 이항복이라는 이름 앞에는 하얀 모래처럼 청렴하게 살겠다는 의미를 담은 '백사'라는 호 대신 '오성'이 붙게 되었어요.

그런데 오성이라고 하면 자연스럽게 뒤따르는 것이 '한음'이에요. 한음은 조선 중기의 문신 이덕형의 호지요.

한음 이덕형 역시 삼정승을 두루 거칠 만큼 뛰어난 학자이자 충성스런 신하였어요. 이항복은 그보다 나이가 다섯 살 적었지만, 두 사람은 평생 절친한 친구로 지내며 숱한 일화를 남겼지요. 오늘날 어린이 여러분이 즐겨 읽는『오성과 한음』
이 바로 두 사람에 관한 재미난 이야기를 모아 엮은 책이에
요.

✦ 한 걸음 더 - 권율 장군과 오성 이항복

『오성과 한음』에 다음과 일화가 전해지고 있어요.

이항복이 어렸을 적, 그의 집은 권율 장군의 집과 담 하나
를 사이에 두고 이웃해 있었어요. 그런 까닭에 이항복 집의
감나무가 권율 장군의 집 마당으로 가지를 뻗게 되었지요.

어느 해 가을, 권율 장군 집 하인이 탐스럽게 익은 감을 따
주인에게 올렸어요. 권율 장군은 당연히 자기 집 감인 줄 알
고 맛있게 먹었지요.

그런데 며칠 후 어린 이항복이 그 사실을 알게 되었어요.
이항복은 권율 장군을 찾아가 다짜고짜 문풍지를 찢으며 방
안으로 주먹을 쑥 집어넣었지요. 그러면서 거침없는 목소리
로 물었어요.

"장군님, 이 주먹이 누구 것이옵니까?"

일찍이 이항복의 총명함을 알고 있던 권율 장군은 고개를
갸웃하며 대답했어요.

"그야 네 주먹이지."

그러자 이항복은 기다렸다는 듯 권율 장군 집 하인이 담을

넘었다고 자기네 감을 함부로 가져간 일을 말했어요. 권율 장
군은 금세 이항복의 생각을 헤아려 껄껄 웃으며 사과했지요.

 그 일이 인연이 되었을까요? 그 후 이항복은 권율 장군의
딸과 혼인을 하게 되었어요.

한산섬 달 밝은 밤에

이순신

한산섬 달 밝은 밤에 수루에 혼자 앉아

큰 칼 옆에 차고 깊은 시름 하는 적에

어디서 일성호가는 나의 애를 끊나니.

[요즘 글로 풀어 읽기]

한산섬 달빛 밝은 밤 성곽 위 누각에 홀로 앉아

큰 칼 옆에 차고 깊은 시름에 잠겨 있을 때

어디서 들려오는 한 줄기 피리 소리 나의 창자를 끊는구나.

✛ 지은이가 궁금해

이순신(1545~1598)은 임진왜란 때 앞장서 왜군을 물리친 명장이에요. 32세의 늦은 나이로 무과에 급제한 뒤 함경도와 전라도 등에서 병사들을 지휘했어요. 그는 수군절도사가 되고 나서 일본의 움직임이 심상치 않은 것을 알고 군비 확충에 힘썼지요.

이순신의 예상은 곧 현실이 되어 1592년 임진왜란이 일어났어요. 그는 당당히 거북선을 이끌고 왜군에 맞서 잇달아 승리를 거두었지요. 하지만 이순신은 노량해전에서 적의 유탄을 맞아 숨을 거두고 말았어요. 그는 글솜씨도 뛰어나 여러 편의 시조와 한시를 비롯해『난중일기』를 남겼지요.

✛ 감상 길라잡이

〈한산섬 달 밝은 밤에〉는 이순신이 임진왜란 중에 지은 작품이에요. 전쟁이 한창인 어느 날 밤, 이순신은 밝은 달빛을 받으며 홀로 성곽 위 누각으로 올라갔어요. 아마도 그는 거기서 적의 움직임을 살피려고 했을 테지요.

그런데 칼자루를 움켜쥐고 주위를 둘러보는 이순신의 마음이 영 편치 않았어요. 곧 날이 밝아 다시 시작될 전투를 생각하면 걱정되는 일이 하나둘 아니었지요.

조선이 과연 일본을 물리칠 수 있을까, 앞으로 얼마나 많은 병사들이 더 목숨을 잃을까, 병든 어머니와 가족들은 지금 어떻게 지내고 있을까….

그런 상념으로 이순신은 점점 시름이 깊어 갔어요. 때마침 어디선가 구슬픈 피리 소리까지 들려와 그는 창자가 끊어지는 듯한 애달픔을 느꼈지요.

이순신은 적과 맞서 싸울 때 누구보다 슬기롭고 용맹한 장수였어요. 그는 모함에 빠져 감옥살이를 한 뒤, 단 12척의 배로 300여 척의 배를 이끌고 공격해 오는 왜군을 무찌르기도 했지요.

하지만 이순신은 홀로 있는 밤이면 깊은 시름에 잠겼어요. 모든 작전을 책임지고, 어떤 경우에도 두려움을 보이면 안 되는 지휘관은 고독한 자리였지요. 〈한산섬 달 밝은 밤에〉는 그와 같은 이순신의 인간적인 모습이 잘 드러난 작품이에요.

✤ 한 걸음 더 – 임진왜란의 3대 대첩

조선은 임진왜란으로 큰 피해를 입었어요. 하지만 우리 선조들은 숱한 어려움 속에서도 결국 왜군을 물리쳤지요.

그렇게 되기까지는 여러 가지 원인이 있었겠지만, 용맹한 장군들의 공도 결코 빼놓을 수 없어요. 많은 학자들이 임진왜란 중 3대 대첩으로 김시민 장군의 '진주대첩', 권율 장군의 '행주대첩', 그리고 이순신 장군의 '한산도대첩'을 손꼽지요.

그 중 진주대첩은 진주성의 김시민 장군이 3,800여 명의 병사로 2만여 명의 왜군을 6일 만에 물리친 전투를 말해요. 행주대첩은 권율 장군이 행주산성에서 병사들은 물론 백성들과 힘을 합쳐 아홉 번이나 총공격을 시도한 왜군을 물리친 전투를 일컫고요.

아울러 한산도대첩은 한산도 앞바다에서 조선 수군이 일본 수군을 크게 무찌른 전투를 말해요. 이 전투로 조선은 왜군

배 47척을 격침시키고 12척을 빼앗았지요. 일본은 한산도대첩으로 치명타를 입어, 그 후 바다를 통해서는 조선을 제대로 공격하지 못했어요.

✚ 한 걸음 더 - 『난중일기』

이순신 장군이 임진왜란 중에 쓴 일기예요. 전쟁이 시작된 1592년에서 전쟁이 막을 내린 1598년 사이의 이런저런 일들을 간결하게 기록했지요.

『난중일기』를 보면 당시 이순신 장군의 생각과 성품을 알 수 있어요. 일기에 나타난 그의 모습은 늘 앞날을 예측하며 미리미리 충분한 대비를 했지요. 또한 자기 몸처럼 부하를 아꼈고 진심으로 백성을 걱정했어요. 상이나 벌을 내릴 때는 그가 누구든 원칙에 따랐으며, 아무런 욕심 없이 나라에 충성을 다했지요.

그 밖에 『난중일기』에는 이순신 장군이 치른 여러 전투의 기록이 담겨 있어요. 전쟁 중에 오간 편지 내용 등을 비롯해 자세한 전투 상황이 설명되어 있지요.

그런 까닭에 『난중일기』는 임진왜란 연구에 가장 중요한 자료예요. 더불어 이순신 장군의 참된 모습을 헤아릴 수 있는 자료기도 하지요. 그래서 『난중일기』는 국보 제76호로 지정되어 있어요.